珍藏本·增订本

纪念版

汉译世界学术名著丛书

论政府

〔英〕詹姆斯·密尔 著

朱含 译

商务印书馆
SINCE1897 The Commercial Press

James Mill

GOVERNMENT

汉译世界学术名著丛书
（120 年纪念版·珍藏本）
增订本出版说明

2017 年 10 月，为纪念商务印书馆创立 120 周年，本馆推出“汉译世界学术名著丛书”（120 年纪念版·珍藏本），计七百种。近五六年来，仰赖学界同人倾力支持，订正旧译，增补新译，拓展新著，积累日多。为满足读者需要，本馆在七百种的基础上，继续推出“汉译世界学术名著丛书”（120 年纪念版·珍藏本·增订本）三百种。至此，“汉译世界学术名著丛书”累计出版已达千种。

今后，本馆将继续推进丛书的翻译出版工作，在积累单本名著的基础上陆续分辑刊行，汇印出版。为促进中外文明互鉴、推动我国学术发展，使“汉译世界学术名著丛书”这项对我国学术文化有基本建设意义的重大工程发挥更大作用，诚望海内外学术界、翻译界继续给予支持，帮助我们把这套丛书出得更好。

商务印书馆编辑部

2024 年 2 月

汉译世界学术名著丛书
（120年纪念版·珍藏本）
出 版 说 明

2017年2月11日，商务印书馆迎来120岁的生日。120年前，商务印书馆前贤怀揣文化救国的理想，抱持“昌明教育，开启民智”的使命，立足本土，放眼寰宇，以出版为津梁，沟通中西，为中国、为世界提供最富智慧的思想文化成果。无论世事白云苍狗，潮流左右激荡，甚至战火硝烟弥漫，始终践行学术报国之志，无改初心。

逐译世界各国学术名著，即其一端。早在20世纪初年便出版《原富》《天演论》等影响至今的代表性著作，1950年代后更致力于外国哲学和社会科学经典的译介，及至1980年代，辑为“汉译世界学术名著丛书”，汇涓为流，蔚为大观。丛书自1981年开始出版，历时三十余年，迄今已推出七百种，是我国现代出版史上规模最大、最为重要的学术翻译工程。

丛书所选之书，立场观点不囿于一派，学科领域不限于一门，皆为文明开启以来，各时代、各国家、各民族的思想与文化精粹，代表着人类已经到达过的精神境界。丛书系统译介世界学术经典，引领时代思想，为本土原创学术的发展提供丰富的文化滋养，为推动中国现代学术和现代化进程做出了突出的贡献。

为纪念商务印书馆成立120周年，我们整体推出“汉译世界学术名著丛书”120年纪念版的珍藏本，寄望既利于文化积累，又便于研读查考，同时向长期支持丛书出版的译者、编者和读者致以敬意。

两甲子后的今天，商务印书馆又站在了一个新的历史时间节点上。我们不仅要铭记先辈的身影和足迹，更须让我们的步伐充满新的时代精神。这是商务人代代相传的事业，更是与国家和民族的命运始终紧密相连的事业。我们责无旁贷，必须做好我们这代人的传承与创造，让我们的努力和成果不仅凝聚成民族文化的记忆，还能成为后来人可以接续的事业。唯此，才能不负前贤，无愧来者。

商务印书馆编辑部

2017年10月

目　录

第一章　设立政府的目的

（即政府是为实现什么好处或益处而存在）

政府问题是一个关于如何使手段与目的相协调的问题。尽管这个问题已有许多讨论，但深入研究，却惊讶地发现几乎还未建立任何原则，原因在于缺乏对政府存在目的及其实现手段的分析，绝大多数人对此只有一些模糊不清的概念。这种情况往往导致无数的争执，特别是当人们思考这个问题时常常受到极其强烈的个人利益的影响。

在目前这一有限的篇幅中，显然不可能完成上述分析任务；但是却有可能描述出一种模型使该研究得以进行，并通过展示足够的证据指出一个必须采取的研究方向，从而得以接近许多人竭尽全力却未能实现的目标。

关于政府的目的，人们已通过各种不同的表述方式予以描述。洛克认为：政府是为了“公共的善”（the public good），而其他人则认为政府是为了“最大多数人的最大幸福”。这些以及其他类似的表达尽皆合理，但仍有缺陷。

因为这些定义并未明确阐释自身包含的特殊观念，而且不同的观念是由不同的思想家提出的，即使是同一位思想家，提出的场景也不同。

显然，这是一个宏大艰深的领域，需要探究整个的人性科学，以之作为政府科学的基础。

为了理解最大多数人的幸福包括什么，我们必须了解组成这些最大多数人的个体幸福包括什么。

剖析人性有助于提供适当证据显示幸福由哪些主要元素构成——但这并非本文主旨所在，我们只满足于将从这些分析中得出的一些结果作为假设：

比如我们认为：一般而言，每一个人的命运取决于他的痛苦和快乐。因此，人们感到幸福的程度是因为快乐多而痛苦少。

人的痛苦和快乐有两个来源：它们或源于他人，或者源于与他人无关的因素。

我们可以假设另一项原则：政府关注的是这两个来源中的前者；政府的责任是增进最大多数的快乐，并最大程度地减少痛苦，而这些快乐和痛苦都源于他人。

在人类境况所依赖的大自然的规律中，有一条具有最大影响：即劳动对获得生活资料不可或缺，也是实现绝大多数幸福的必要手段——这正是政府产生的首要原因。

毫无疑问，假如大自然能自发生产我们欲求的所有事物并满足所有人的欲望，人们之间就不会有导致争议和相互侵害的源头，也不会有任何人拥有对他人行使权威的手段。

当大自然生产的欲望之物不足以满足所有需求，结果就非常不同，将有无数导致纠纷产生的源头，而且每个人都可能拥有对他人行使权威的手段，与个人能够占有的欲望之物的数量成正比。

在这种情况下，通过政府这一手段要实现的目标是：分配实现幸福所需的稀缺资源，以确保社会成员在总体上获得最大多数的幸福，防止任何个人或团体干涉这种分配或是使某个人获得少于他应有的份额。

考虑到大多数欲望之物及生活资料都来自劳动，显然规定一种能确保人们劳动的方式是一切的根基所在。

确保人们劳动的方式有两种，一种通过邪恶的方式，另一种则是通过良好的方式。

第一种通常被称作强迫，即通过强迫使劳动者成为奴隶。我们不需要考虑这种获得劳动的方式，因为假如政府的目的是实现最大多数人的最大幸福，制造最大多数的奴隶不可能实现这个目的。

另一种获得劳动力的方式是通过诱惑或由此带来的利益。为获得尽可能多的所有欲望之物，我们必须获得最大数量的劳动力;而为了获得最大数量的劳动力,我们必须尽可能多地增加劳动力带来的利益。但是,劳动所带来的利益不可能超过劳动的所有成果。为什么会这样?因为假如给予一个人的利益超过了他个人的劳动成果,那就只能攫取其他人的劳动成果。因此,一个社会实现最大可能的幸福在于确保每个人从自己的劳动成果中获得尽可能多的数额。

如何实现这一点?显然,每一个无法得到所有自己欲望之物的人,都可能受到诱惑,去从相对弱势的其他任何人那里攫取欲望之物;那么如何防止他呢?

一个十分明显的办法就是(除此似乎别无其他选择):一定数量的人联合起来,以便为了互相保护。显然,实现这个目标最有效的方式就是多数人联合起来,授予少数代表保护所有人所必需的权力。这便是政府。

关于政府的目的或者说政府为何目的而存在,我们认为没有必要在此进行更深入的分析。接下来试图要分析的是政府实现其目的的手段。

第二章　实现政府目的的手段

（即权力，以及防止权力滥用的保障措施）

这里要考虑两件事：授予少部分人的权力，以及他们对权力的行使。

第一点并不困难。强制他人的权力是由哪些要素构成是非常明显的，因此本文不浪费篇幅阐述这些要素。

关于政府的所有难题都在于如何限制掌权人，亦即那些被赋予保护所有人所必需的权力的人，使其不滥用权力。

在没有政府的情况下，无论驱使个人从相对弱势的他人那里攫取欲望之物的欲望为何，同样的欲望也会影响政府成员，使其从社会成员那里攫取欲望之物——假如他们不被阻止这么做。因此，不论设立政府的原因有何，都与设立保障防止权力滥用措施的原因相同：即确保被委托必要权力的那些人，只为了保护别人而行使权力，而非为了从其他社会成员那里攫取欲望之物。

第三章　任何简单的政府形式中都找不到防止权力滥用的必要保障

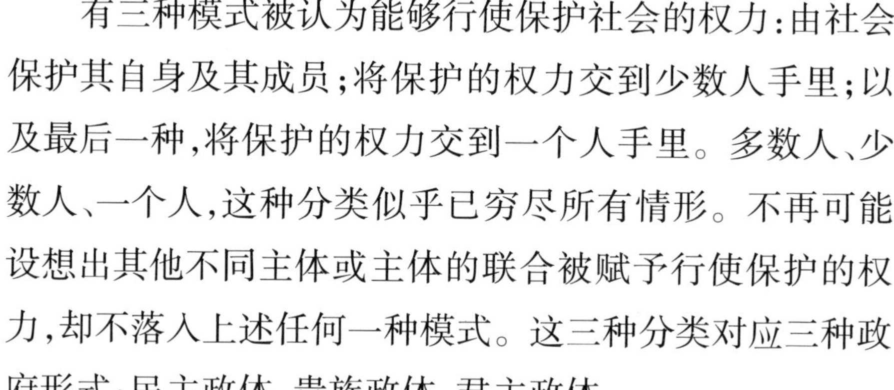

有三种模式被认为能够行使保护社会的权力：由社会保护其自身及其成员；将保护的权力交到少数人手里；以及最后一种，将保护的权力交到一个人手里。多数人、少数人、一个人，这种分类似乎已穷尽所有情形。不再可能设想出其他不同主体或主体的联合被赋予行使保护的权力，却不落入上述任何一种模式。这三种分类对应三种政府形式：民主政体、贵族政体、君主政体。

有必要稍微严密地依次分析每一种政府形式。

1. 民主政体。显然，社会作为一个整体不可能为每位成员提供保护，它必须使用某些个人达到这个目的。为使用这些人，它要挑选他们，制定他们将来行事必须遵循的规则，并且在他们行事违背这些规则时予以处罚。这些功能中包括了三种重要的政府运作模式：行政、立法和司法。该社会必须通过集会实现这些运作。单凭此情形似乎就可以形成具有决定性的反对民主制度的意见。为执行政府事务而经常需要全体社会召开集会，将几乎排除劳动以及财富的存在，并因此排除社会自身的存在。

还有一个同样具有决定性的反对意见。整个社会可以成立人数众多的集会，但所有人数众多的集会实质上都无法做事。关于这点没有必要进行冗长论证。在一个集会上，每件事须通过发言及赞同来完成。当集会人数众多，许多人皆欲发言时，情绪将因相互激发而变得剧烈，不可能进行冷静有效的审议。

因此，这可以作为一个没有异议的立场，即社会作为群体不适宜应对政府事务。没有哪条原则比这条更符合人民的情感和行为方式。在任何规模可观的民众团体，民众从不自行管理共同事务；他们一致的做法是，从他们之中选择一定数量的人代替他们行事。即便在普通的慈善俱乐部，成员也会选择一个管理委员会，满足于一般性的控制。

2. 贵族政体。这个术语适用于掌握政府权力的人数介于一个人和多数人之间的所有情形。当掌权人数量很少，这种政府通常被称为寡头政体；当掌权人数众多，被称为贵族政体。两者本质上相同，因为运行于两者之中的动机相同。我们认为这个命题本身带着自明的证据，因此假定对这点不会有争议。

贵族政体中邪恶的来源与民主政体根本不同。

社会不可能存在与自身利益相悖的利益。认为社会存在与自身利益相悖的利益是自相矛盾的说法。社会在自身内部或关于自身的方面不可能存在邪恶的利益。一个社会可能会对别的社会有邪恶用意,却从来不会这样对自己。这是一项不容置疑的重要命题。社会可能因为失误而错误行事,但若认为是出于计划,就等于认为人类会希望自身悲惨一样。

在贵族政体,未必存在社会作为一个群体不适宜执行政府事务的情形,即集会人数过多而产生不便。假如拥有政府权力的人数过多以致不便集会或集会时无法冷静议政,这只是反对将贵族政体扩大到这种程度的理由,却无法用来反对掌权人数不多、集会时能进行最佳审议的贵族政体。

问题在于:这样的贵族政体是否能被委托行使政府权力,使之最有助于实现政府存在的目的?

这里可能有一个强有力的假设,即任何垄断政府权力的贵族政体都不具有非常完善的智力。智力是劳动(labour)的结果,但世袭的贵族政体失去了促使其劳动(labour)的最强烈动机。因此,他们中的大部分人在心智能力上有缺陷。这是反对贵族政体的一个重要理由，虽然并不是最重要的。

我们已经观察到，政府存在的理由是：当一个人强于另一个人时，将强夺另一个人拥有的任何他自己想要的东西。但如果一个人这样做，其他一些人也会如此。假如权力被置于相对少的一些人手里——即贵族政体，权力会使他们比其他社会成员更强大，他们将随其所欲尽可能多地从其他社会成员那里夺取欲望之物，从而败坏政府设立的根本目的。因此，贵族政体不适宜被委予政府权力已被充分证实。

3. 君主政体。可以看出，君主制的政府形式在大多数方面与贵族政体相似，因此也适用同样的反对理由，所以没有必要用文字来表明这点。

假如政府的建立是基于这项人性法则，即一个人如果有能力就会从他人那里夺取自己想要的任何东西；显然，当他被称为国王后，本性也不会随之改变；因此，当他获得权力，能够从每个人那里夺取他喜欢的东西，他将会夺取任何他喜欢的东西。假设他不会这么做，就等于肯定政府没有必要设立，以及人们会自愿放弃伤害他人。

非常明显,这个推理也可以延伸至任何少数人掌权的政体,不论其人数如何变化。当政府权力被置于任何人而非社会手中时——不管是一个人,还是一群人或是几个人手里,那些暗示政府存在完全必要的人性准则,也暗示这些掌权者将利用权力败坏政府存在的目的。

第四章　一个反对声明及回应

然而有一种观察可能说，即使认为上述推论完美无瑕，在其基础上得出的推断结果也不容置疑；但依然正确的是，假如没有政府，每个人都可能被其他任何人掠夺，但在贵族政体下，他只受到少数人掠夺，而在君主政体下，只受到一个人的掠夺。

这是一项非常重要的反对意见，值得详细研究。

非常显然，如果每个人都可能被每一个比他更强大的人任意剥夺自己拥有的东西，那么财产将不可能存在；假如财产不可能存在，那么劳动也不可能存在，促进社会扩大的生活资料也将不复存在，因此社会本身也会随之消亡。假如这种社会中的成员只可能受到几百名贵族成员的剥夺，那么以全体成员有限的部分财产满足这些少数人并非不可能。如果承认关于这个问题的看法是正确的，随之而来的结论是政府权力交到越少人手中，社会将越幸福：那么寡头政体优于贵族政体，而君主制则比两者都好。

对这个问题的看法值得更仔细的考虑，因为根据这个看法得出的结论，与某些最深刻且最仁慈的人类事务研究者接受和宣传的观点相同。完全不受限制和控制的一人政府比任何改进的贵族政体好，这正是霍布斯先生以及法国经济学家们的著名观点，支撑他们观点的推理并不容易反驳。他们合理地考虑到多人掌权政府的不可能，因而由此推断在所有可能的政府形式中，绝对君主制是最好的。

假如我们只看事实的外表，经验在这个问题上似乎是分裂的。罗马皇帝尼禄们和卡利古拉们、摩洛哥皇帝和土耳其苏丹统治下的绝对君主制，是人性的祸患。另一方面，丹麦人民则极其厌倦贵族的压迫，决定他们的国王应拥有绝对权力，并且在他们的绝对君主制下，实现了与欧洲其他任何民族同样良好的管治。在希腊，尽管民主制有缺陷，人性比在任何其他时代或国家都获得了更光辉的成就。

因此，历史的表象并未提供确定的判断原则，我们必须超越表象洞察其中的真理之泉。

当谈到一个人或者有限数量的人会很快满足于欲望之物，并且当他们从社会夺取了能满足他们的东西后，他们将保护社会成员享受剩余的部分，一个值得计算的重要因素被忽略了。人类不是消极的物质，假如人类和他们统治者的关系就像羊群与牧羊人那样，又假如国王或贵族完全不恐惧人民的反抗，以及严厉必定会获得更多服从——就像牧羊人对羊群一样，那么一个人为自己夺取欲望之物的动机似乎会是有限的。但是，当考虑到以下想法，情况就有非常大的改变：首先，一个人可能预料到其他人对其意志的反抗；其次，单凭恐惧所能产生的顺服程度。

一个人渴望使另一个人及其财产从属于自己的快乐，即使这可能导致他人痛苦或丧失快乐——这正是设立政府的基础。对这一目标的渴望隐含了渴望获得必要权力使他人及财产从属于自己的快乐，这是支配人性的重大法则。

这种对权力的渴望意味着什么？将在何种程度上影响人的行为？为了发现自然对国王或贵族的欲望（即为自己的好处而使社会遭受恶果）所设的限制，有必要解决这些问题。

权力是实现目的的手段。毫无例外，这目的就是被人类称作快乐或移除痛苦的一切事物。他人的行动是一个人获得欲望之物的重要工具。因此，从最恰当的意义上讲，权力意味着确保一个人的意志与其他人的行为保持一致。我们推定这不是一个会被质疑的命题。主人对仆人拥有权力，因为当他想让仆人做某事（换句话说，当他表达了希望仆人应如何行动的愿望),他拥有某种确信,即仆人的行为将符合他的意志。将军命令下属以某种方式行事,其权力是否完整,与下属行为是否完全符合其命令成比例。作为我们获得欲望之物的手段,他人的行为是否完美,与其是否确定不移地符合或不符合我们的意志成比例。因此,对确保实现这种符合的完美性要求是无止境的。如果可以获得更多,人从来不会满足于较低的程度。此外,作为实现我们目的的手段,没有一个人的行为不在某种程度上、通过这样或那样的方式、更直接或更间接地产生影响;没有一个人的行为,我们不希望通过给予某些东西以确保其符合我们的意志。所以对他人行为拥有权力的需求实在是无限的。这种无限性表现在两个方面:将权力延伸至无限多的人,以及对每个人的行为拥有无限程度的权力。

有些人与我们的利益可能只有如此微弱的关系,以致希望他们的行为与自己意志相符的欲望会逐渐消失——这个旨在解释上述重要原则的说法毫无价值。只需作出这样一个无人会否认的假定便足够:即当涉及其行为可能会影响我们痛苦和快乐的所有的那些人,我们希望他人行为与自己意志相符的欲望便是无限的。至于社会统治者,至少可以确定他们渴望自己的意志与社会中每个人的行为相一致。对我们现在的研究目的而言，这已足以涵盖我们需要涉及的领域。

因此就社会而言，我们认为这是一个已确定的事实：即不论单个人还是一些统治者，都希望他们的意志与每个社会成员的行为完全一致。我们仍需探究这样的欲望本性会带来什么样的行为。

有两种方式可以实现个人意志与他人行为的一致。一种是快乐，另外一种是痛苦。

关于通过使人快乐的措施确保实现个人意志与他人行为一致，从经验上看，显然当一个人拥有对欲望之物的控制，便可将欲望之物给予他人，在很大程度上确保自己的意志与他人行为的一致。同样也是根据经验，结果是当他能给予他人越多数量的欲望之物，就越能确保越多人的行为与他的意志相一致。正如上文已论证的，我们希望按照我们意志行事的人数是无限的，因此根据同样证据，对于确保实现这一结果的事物，我们想要拥有无限的掌控。

因此，在国王或贵族的头脑中，对欲望之物的渴求不可能有任何饱和点。正如我们在之前的分析中已经考察的，认为国王或贵族会满足于欲望之物，并在得到满足后将属于社会成员的大部分留给他们——这样的观点是基于对人性法则片面残缺的看法上的。

接下来，我们要考虑通过令人痛苦的措施确保他人的行动与自己的意志获得一致。我们认为，关于这个课题的这一部分，其重要性并没有被适当考虑；如果不充分阐述其带来的众多后果，便会对政府事务有错误理解。

与痛苦相比，快乐似乎是一个无力使人顺服的手段。轻视快乐比轻视痛苦要容易得多。最重要的是考虑这点：即在令人痛苦的手段中包括剥夺生命的权力，与之相随的，不仅是剥夺了一切现实的快乐，比之更深远的是，剥夺了所有希望的快乐。因此，这类保障措施是无与伦比的最强的。一个人如果希望获得高度精确的顺服，就不能满足于拥有给予快乐的权力，而必须要有使人痛苦的权力。希望获得尽可能最高度精确的顺服，就必然希望拥有的权力能使他人产生足够的痛苦以确保实现这种高度的精确，即能使人痛苦的无限权力。因为在足够与不足够痛苦之间不可能存在区分标记，而且对于这种被认为极好的保障措施，人心从不限制自己对它的渴望，获得使人痛苦的权力的欲望必然会扩张，几乎超越任何限制。

然而，也许有人会说，无论希望拥有使他人痛苦的无限权力似乎是人性中多么不可分割的一部分，都并不能由此推断拥有这项权力的人必然想要使用它。

这是我们接下来进入探究的部分；而且我们不需要多

说，这部分值得那些对涉及人类最重大利益的课题有正确想法的人给予全面关注。

这里的推理链条紧密有力，达到了极其不寻常的程度。一个人希望他人的行为立刻准确地符合自己的意志，而且希望尽可能多的人的行为都会如此，那么恐惧是极重要的手段。只有任何希望意志与行动实现一致的意愿都有灾祸相随，恐惧才能发挥作用。因此，每一次行为与意志不符都要受到惩罚。既然心灵对快乐的渴望是无止境的，那么想要完善实现这种快乐的手段的欲望也当然是无止境的，因此，渴望个人意志与他人行为实现一致性的精确程度也是无止境的；所以，能获得这种结果的恐怖的强度也是无止境的。任何与意志不符的行为，即使是最细微的，都必须施加最严厉的处罚。鉴于极其精确的一致性必然经常无法实现，残酷的惩罚必须是不间断的。

因此，我们已得出几个可能最为重要的结论。我们看到，设立政府的必要性正是基于这样一项人性法则，即一个人倾向于以他人为代价为自己获取欲望之物，当一个人获得统治社会的权力并且不受任何制约，这种倾向必然会导致他不仅掠夺社会直至其他成员（一般不包括那些享受和进行掠夺的人）只剩最基本的生活资料，而且他残酷的程度将使最强烈的恐惧持续存在。

世界已提供了一些关于人性的关键性经验与这些结论完全符合。可以拿英国绅士作为一个良好样本，他们具备文明、仁慈，以及简而言之，所有使人性值得敬佩的特质。英国绅士渴望对同类拥有权力的欲望程度，以及为了行使这种权力而有动机去压迫他人的程度，可以为此提供一个标准，且肯定很难被反驳。可以预见，无论一个英国绅士展现出什么样的动机和行为，同样都可能在卓越品质远不如他的所有人身上看到。在西印度群岛，英国出于警惕的关注对奴隶主实施了极大制约，迄今已长达30年；在此之前，对权力可怕的倾向也并非完全没有制约。但是，权力这些可怕的倾向仍然使英国绅士们不仅剥夺他们奴隶的财产，成为自己同类的财产，并且相当残酷地对待他们，对这种残酷程度的描述就能使那些处于较好环境的英国同胞感到毛骨悚然。这种糟糕行为的动机正是我们前文所描述的——出于那种希望使他人行为完全符合我们意志的普遍欲望。要说的非常重要的一点是，英国绅士将他们的同类变为奴隶，并使这些黑人处于西印度群岛极其糟糕的环境中，驱使他们这么做的所有动机，都不少于或弱于那些普遍作用于对同类拥有权力之人的动机。因此，根据从已知人性法则得出的最严密推论以及直接的关键实践，证明了假如制约无法防止权力滥用，一个或少数统治者将使其权力统辖下的多数人民至少会沦落至与西印度群岛黑人同样的境地。[①②]

因此我们已看见，被称作三种简单的政府形式中，没有一个足以实现政府应保障实现的目的；而社会本身，虽然不存在有悖于这些目的的动机，但因人数过多无法履行政府事务；不论政府委托给一个人还是少数人，他们不仅有与这些目的相悖的动机，而且在不受制约的情况下，这些动机将使他们施加最大的恶。

这些结论与通常的理解如此相似，若非对它们的阐述会对我们接下来的一些研究具有重要意义，几乎没有什么必要来费力证明。至少在这个国家，与许多学者说的一样，三种简单的政府形式有明显缺点，政府的目的要获得完美实现，只能通过英国宪法框架下的三种政府形式的结合。

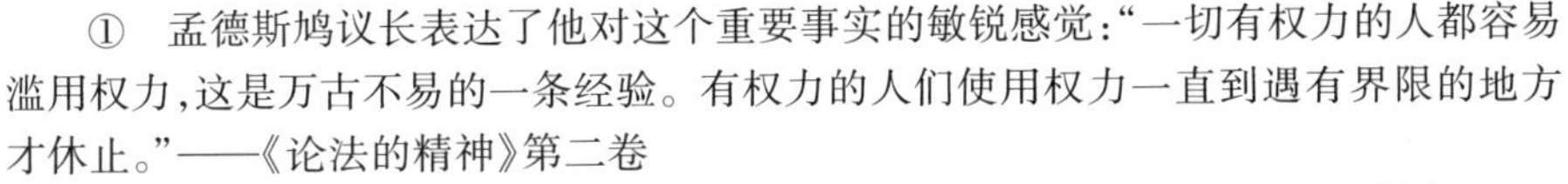

① 孟德斯鸠议长表达了他对这个重要事实的敏锐感觉：“一切有权力的人都容易滥用权力，这是万古不易的一条经验。有权力的人们使用权力一直到遇有界限的地方才休止。”——《论法的精神》第二卷

② 该译文引自《论法的精神》，张雁深译，商务印书馆 1997 年版。——译者

第五章　三种简单政府形式的结合无法找到必需的保障措施：宪法均衡学说

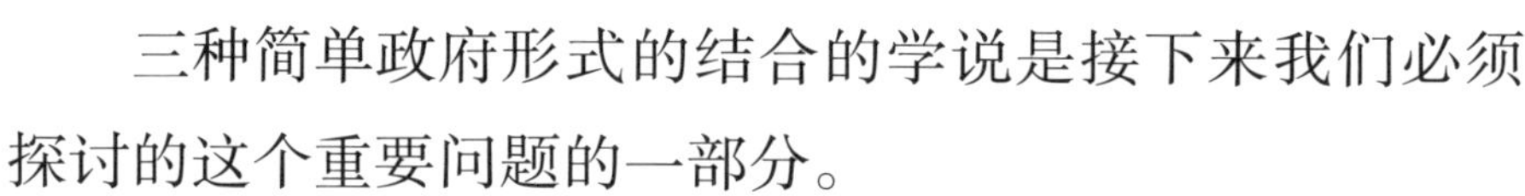

三种简单政府形式的结合的学说是接下来我们必须探讨的这个重要问题的一部分。

显然，首先有一点要说的是，关于这个部分的探究习惯于想当然。归因于三种简单政府形式的结合的结果被推断为好的，而且这个推断常受认可，但并不曾举出证据。如果说有任何看上去像证据的东西，那就只有提到英国宪法。英国宪法被认为是三种简单政府形式的结合，而且英国政府是卓越的。要使英国政府的例子在任何程度上成为目前讨论的这一学说的证据，显然必须确认三点：1.英国政府不仅在外表而且在实质上都是三种简单政府形式的结合；2.具有一种独特的优异之处；3.这种优异源于三种形式的结合，而非其他任何原因。这几点常常未经检验即被认为是理所当然的，因此关于三种简单政府形式的结合的效果问题,可以认为尚未解决。

关于人性,我们已经确立了这样的立场并假设其为论证基础:即人们的行为由意志支配,而意志则由欲望支配;而人们的欲望则被导向以追求快乐、免除痛苦的目的,并以财富和权力作为主要手段,对这些手段的欲望是无止境的,这些无止境的欲望引起的行动是坏政府的构成要素。基于这些已知的人性法则进行正确推理,我们应该很快发现,关于不同种类政府的混合,什么才是我们必须采纳的观点。

这里讨论的这个理论暗示政府权力的一部分属于国王,一部分属于贵族,一部分属于人民。同时也暗示他们各方在意志上有一定程度的联合,否则他们将无法作为独立的权力而运行。理解了这一点,我们再接着进行探讨。

根据我们已经定下的原则,三方中的任何一方都将会努力去获得尽可能多的人类欲望之物——更确切地说,是达到人类欲望的手段,即财富和权力。

经过上述所说的,我们怀疑不会有任何读者会否认这个命题,但重要的是读者必须对此有清晰的理解。

假如有任何权宜之计出现在假定的任何一方面前,能够有效实现上述目的且不阻挠其想要追求的任何对象,我们可以确定地推断,该权宜之计将被采纳。有一项有效的权宜之计，与其说有效，不如说是显而易见：任何两方联合起来可以吞并第三方。与其他任何取决于人类意志的事一样，这种联合似乎也必然会发生，因为存在强烈动机赞同这么做，却想不出任何反对的动机。因此，不论起初分配给各方的权力是否平等，这三种政府的混合显然不可能存在。

这一命题似乎已被如此完美地证明，我们认为没有在此详述这个问题的必要。但是作为简单政府形式混合学说的一部分，探究两种政府形式的结合是否不可能也许是适当的。

有三类可能设想出的不同结合：君主政体与贵族政体结合，或民主政体与君主政体，或贵族政体分别结合。

让我们先假设君主政体与贵族政体结合。他们的权力可能平等或不平等。假如不平等，那么根据我们已确立的原则得出的必然结果是：较强一方必然会从较弱一方夺取权力直到占有全部权力。那么唯一的问题是，当权力平等时将会发生什么？

首先，似乎就不可能会存在这种平等的权力。如何建立平等的权力？又或者说依据什么标准确定？假如不存在这样的标准，那么在所有情况下都只能是机会的结果。如果是这样的话，权力无法平等分配的机会倒是无限大。因此,这种想法完全是虚妄荒谬的。

此外,高估自己的长处而低估他人的长处的倾向是一项众所周知的人性法则。假设建立了平等的权力(这不啻于是奇迹),这一倾向仍会使各方都认为自己是最强的。结果是他们会走向战争并互相竞争直至一方屈服。除非否认这些人性法则——有关政府的所有论证都是基于这些人性法则进行,并且否认政府本身的功用,否则这里的结论就得到证实了。假设建立了平等的权力,是否有人认为将持续下去?如果说关于人类事务有什么任何已知的东西,那便是它们处在永远的变化中。即使无任何其他事物干涉,人们才能的不同也会大量产生这种后果。假设你的平等权力是在一个有才能的国王治下建立的,而他的继承者与他相反,那么你的权力平等就不复存在。当一方处于优势的时候,就会利用优势获益,不平等将与日俱增。没有必要再研究剩下的情况,即民主与任何其他两种政府形式的结合。很明显,同样的推理将导致相同的结论。

在这三种简单政府形式混合的学说中,包含着一个著名理论,即政府各组成部分之间的权力平衡。这个理论假设:当政府由君主政体、贵族政体和民主政体组成时,他们能互相平衡,并且通过相互制约产生一个良好政府。寥寥数语就足以说明假如有任何理论能够被称为“疯狂、幻想、荒唐"的,则正是这种平衡理论。假如存在三种权力,如何能防止其中两方不联合起来吞并第三方?

我们已进行的分析将使我们能够在假想的情形下迅速发现一连串的因果联系。

我们已看到,从总体或民主的观点来考虑,社会的利益在于每个个体应受到保护,而且为了这个目的而构建的权力应该只专门用来实现这一目的。这是一个完全没有争议的命题,所有关于政府问题的正确论证也都应该持续参照这一命题。

我们也看到国王和统治贵族的利益与上述命题直接相反;他们的利益在于对其他社会成员拥有无限的权力并且用来为自己谋利。在一个假想的君主权力、贵族权力以及民主权力平衡的情况下,对君主或贵族而言,与民主政体的联合并不符合他们的利益;因为对于民主政体或整个社会的利益而言,国王或贵族都不应该拥有任何一点权力或社会财富来为自己谋利。

民主政体或社会有一切可能的动机努力去防止君主和贵族为自己的好处行使权力或获取社会财富,君主政体和贵族政体也有一切可能的动机努力去获得支配社会成员和财富的无限权力。不可避免的结果是:君主和贵族有一切可能的动机去联合起来获取权力,除非人民有足够的权力能够匹敌两者,否则人民将会没有保护。因此,即使基于可能的最好的证据,三种权力平衡这件事也被认为是不可能存在的。那些赋予这种推测以光彩的表面迹象,完全是欺骗性的。

第六章　单在代议制中便能发现良好政府的保障

那么该怎么做呢？因为根据这样的推理，我们可能会被告知良好政府似乎是不可能的。人民作为一个群体无法自己执行政府事务。假如政府权力委托给一个人或少数人，并建立一个君主制或贵族统治，结果是致命的；而三种简单政府形式的结合看上去似乎也是不可能的。

尽管这些命题都是真实的，但并不证明良好政府是不可能的。虽然人民不能自己行使政府权力，必须将之委托给一个人或一群人，而这些人绝对有最强烈的动机滥用权力，但仍有可能找到制约机制足以防止他们。接下来要探讨的问题便是关于制约的学说。政府所有的良善都依赖于正确建立制约，这种说法完全符合公认的流行观点。我们完全赞同这个命题。因此，没有什么比从这个问题得出正确结论更为重要。基于已有的阐述，希望接下来的探讨既不复杂也不令人失望。

在当代的大发现中，有可能找到能够解决所有推测或实际困难的代议制。如果不能的话，我们似乎就得被迫接受不同寻常的结论：即良好政府是不可能的，因为除了社会自身以外，任何个人或个人的联合体被赋予政府权力后都有意通过坏政府获利；而社会本身无法行使这些权力，必须将之委托给某个人或个人的联合体，结论很明显：社会本身必须制约这些个人，否则他们将遵循个人利益而产生坏政府。

但是社会如何能够制约呢？社会只有集合起来才能行动，但社会集合起来的时候又没有能力采取行动。

然而社会可以选择代表，但问题是社会的代表能否发挥制约作用？

第七章　代表机构需要有什么样的条件才能成为良好政府的保障

我们可以从设定两个命题开始，它们似乎包含了所要探讨的大部分内容，而且不太可能存在什么争议。

I. 负责制约的机构必须拥有一定程度的权力足以行使制约职责。

II.其次，制约机构必须拥有与社会一致的利益，否则它将恶意使用权力。

I. 衡量任何情况下所需的权力的程度，我们都必须先考虑它需要克服的权力的程度。只需要足够实现这个目的，不需要更多。接下来我们要探究：需要社会代表通过制约去克服的权力是什么。这里很简单就能给出答案：即所有那些权力，无论它们置予何处，那些手中被置予权力的人都有意通过滥用权力获利。我们已经看到，不论社会将政府权力委托给谁，不论是一个人还是少数人，他们都有意通过滥用权力获利。因此，所有那些权力——不论是一个人还是少数人，抑或是一个人与少数人的联合——都会用来确保实现他们的邪恶目标，制约机构必须拥有克服的权力，否则制约将是徒劳的。换句话说，将不存在制约。

这点极其明显，以致我们认为没有必要对此再作说明。假如一个国王被内在的人性准则激发去追求满足个人意志；如果他在追求中发现障碍，假如他做得到，一定会将这个障碍移除。假如任何人或任何一群人反对他，如果他能够的话，一定会战胜他们；为了阻止他，他们必须至少拥有与他相等的权力。

对贵族而言亦同。为成功阻挠他们以社会利益为代价追求自己的利益，制约机构必须拥有权力能够成功抵抗贵族所拥有的任何权力。假如同时存在国王和贵族，而且假如他们能够联合起来镇压制约力量，并以社会利益为代价追求他们的共同利益，那么制约机构就必须拥有足够的权力以成功抵抗国王和贵族的联合权力。

这些结论不仅不容置疑，而且正是英国宪法赖以建立的理论。根据这个理论，下议院就是制约机构。另外一个公认的学说是：假如国王有权压制下议院作出的任何反对他意志的意见，或者国王与上议院联合拥有权力压制反对他们共同意志的意见,那么制约他们的权力将不复存在;因此,必须有一个权力足以克服这两者的联合权力。

II.因此,所有关于制约机构应被给予多大程度权力的问题相当容易解决,而政府所有的善都取决于制约机构的完美运作。重大的困难在于找到构建制约机构的方式,使它的权力不会反过来背叛社会——制约机构的创立正是为了保护社会利益。

毫无疑问,如果权力被授予一群被称为代表的人,假如他们能够的话,会像任何其他人一样,用他们的权力为自己而非社会谋利。因此,唯一的问题是如何能防止他们?换句话说,如何使代表的利益与社会的利益相一致。

可以认为每个代表具有两种身份:作为代表时他对别人拥有权力,以及作为社会成员时,别人对他拥有权力。

假如这样安排的话,当他作为代表时,就不可能因为恶政为自己获得太多好处,因为这将对作为社会成员的他自己造成损害,这样我们就能实现目标。我们已经看到,分配给制约机构的权力份额应保持在一定程度不致减弱,它必须足以抵制所有手中掌握政府权力的人的抵抗。但是,如果分配给代表的权力在程度上不能被减弱,那么只有一种方法能减弱代表权力,即任期限制。

因此这就是解决手段,如果说有什么能够达到目标的,那便是通过缩减任期这个手段。任何人保持他的代表身份时间越少——特别是与他仅仅作为社会普通成员的时间相比,通过较短期间的恶政获得的利益就越难补偿被牺牲的较长期间的利益。

这是一个古老并受认可的办法,使统治者与被统治者利益实现最可能的一致。正是为了这个优点,选出的英国下议院成员的任期总是有一定限制。假如下议院议员是世袭制或终身制,每个质询者都会立刻宣称议员会用交托给他们的权力去谋取自己的利益,他们甚至会滥用人民的人力和财富,只要他们对人民反抗力量及意志的估计使他们思忖自己是安全的。

因此所有人都赞同,似乎从罗马一年一度选举执政官的时代迄今,限制权力这一目的通过限制任期得到了实现,无论是限制执行权力还是制约权力的任期皆可,前一种方式更好。接下来的问题是,应在多大程度上对权力进行限制。

概括性的答案显而易见:对任期的限制应该直到会对另一方权力造成失衡的不便为止。那么什么是因过度的限制任期可能引起的不便?

有两种不便:一种是影响公共服务的执行——这正是选举个人的目的;一种是因选举的麻烦引起的不便。很显然,政府事务需要时间执行。相关事务必须经过提议、商讨、决定并执行。倘若政府权力每天都从一些人转移到另一些人手上,政府事务将无法继续。那么我们可以完全确定地采纳两个结论:无论完成上述周期性的政府运作需要多少时间,同样的时间也应分给被授予制约权力的人;其次,凡不是为了实现这个目的所需的时间,无论如何都不应分给他们。至于频繁选举带来的不便,显然选举的麻烦总是存在,不应过度反复选举,超过必要限度。但并不需要对此作太多考虑,因为可以很容易将这种不便减少到微不足道的程度。

因此看起来,限制权力任期是抵御人民代表的邪恶利益的保障,似乎也是理应承认的唯一保障。另外唯一一种可能可以用来实现这一目的的手段是惩罚权力滥用。但很容易看到,惩罚无法有效施行。为了惩罚,需要定义应受惩罚的行为,并为此查实犯罪证据。但权力滥用有可能达到如此广泛的程度以至于没办法证明一项确定的罪行。没有任何政治经验比这点更正确了。

如果任期限制是唯一的保障,那就没有必要再说明任期限制应有的重要性了。限制委托给人民代表的权力任期这一原则并不包括变更代表的想法。同一个人可当选任意次数。代表选举出来只当选较短任期,也只能在这较短任期内增进自己的邪恶利益，这样的制约适用于一个反复当选20次的人，与适用于初次当选的人是一样的。此外，有很好的理由总是再次选出已履行过职责的人，因为履行任职时间越长就越熟悉任职事务。基于这种重新选择的原则，或是个人长久当选与权力变更相结合的原则，我们推荐长久任职与不间断的免职权力相结合的方案。有人曾说，这个方案将代表能增进其邪恶利益的任期缩减至最可能窄的限度；因为当他的选民开始怀疑他的那刻起，就可能即刻驱逐他。另一方面，假如他继续忠诚，那么选举的麻烦只是一劳永逸，在有生之年他都可以任职。然而这个方案也伴随着一些缺点，但现在并不是能够比较不同方案优劣的时候。

第八章　选举机构需要什么条件才能确保代表机构具备必要的特性

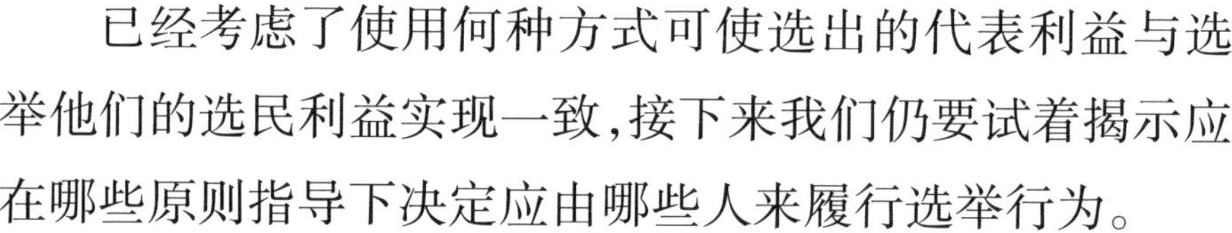

已经考虑了使用何种方式可使选出的代表利益与选举他们的选民利益实现一致，接下来我们仍要试着揭示应在哪些原则指导下决定应由哪些人来履行选举行为。

非常显然，所有一切都取决于这个问题。假如委任代表的选民利益与社会利益相悖，那么通过缩短任期来确保代表的行为与委任他们的选民意志保持一致便无关紧要；因为根据人性准则，进行选择的人一定会选择依照自己意愿行事的人。这正是根据政府建立的原则作出的直接推断，我们认为是无可争辩的。

我们已经看到，假如一个人手中拥有对他人的权力，他会利用这权力实现邪恶目的，使他人成为实现自己意志的可怜工具。如果我们假定一个人有选择人民代表的权力，那么得出的结论是，他将选择那些能利用代表权力来增进他个人邪恶利益的人。

我们也已同样看到，当少数人被赋予控制他人的权力后，他们也会与单个掌权者一样，利用权力在同样的程度上实现完全同样的目的。同样可以得出结论，假如一小群人可以选择代表，这样的代表被选出是因为：如果可能的话，他们将通过使其他社会成员沦落为实现他们意志的凄惨无助的奴隶，以促进那一小群人的利益。

在所有这些情况下，很明显并且毫无异议的是，代议制的所有优势全都丧失了。在这种情况下，代议制只是一种费力笨拙的机制，没有它也可以做同样的事——使社会沦落至顺服于一个人或少数人。

可以看出在这种情况下，当我们说“少数”时，不论是指几百人、几千人甚至上万人都不重要。邪恶利益的运作是一样的；被权力掌控的所有那部分社会成员的命运也是一样的。众多贵族掌权的政体从来不比少数贵族掌权的政体更少压迫。

非常明显，假如一个社会本身是选举机构，那么社会利益与选举机构的利益将是一样的。问题是：社会中的任何一部分被设为选举机构后，是否仍会保持不变？

有一点非常清楚：所有那些个人利益无疑包含于其他人的利益中的人，可以很方便剔除。可以从这个角度看所有未达到一定年龄的孩子，他们的利益包含于父母利益之中。同样可以从这个角度看待女人，几乎所有女人的利益都包含于她们的父亲或丈夫利益之中。

已经确定，在达到法定年龄并有权处分自己事务的男性集群中可以找到与整个社会一致的利益，他们可被视为整体人口的天然代表。我们仍然接着要问，这种必要的特性是否可以在这个群体里某些人数较少的某个部分里找到？

鉴于智力特征不易确定，为了实现这个目的，必须用外部可见的标志将这些男性中的一部分与其他部分区别开。可以适用的此类标志似乎有三个：年龄、财产、职业或生活方式。

按照其中第一个区分方法，不论所限范围大小，可以通过规定达到较大年龄才能开始行使选举代表权，以区分男性中的一部分。根据第二个方法，可以通过规定只允许拥有一定数量财产或收入的人投票来限制选举群体。根据第三个方法，可以通过规定只允许属于特定职业或有一定社会关系及利益的人才能投票来限制选举群体。我们必须要问的是，基于以上任何一个原则区别出来并且数量有限的这些人，作为选举代表群体的机构，他们的利益是否会与社会利益一致？

就第一项基于年龄的选择原则而言，似乎不难划出一个相当大的界限。假设规定达到 40 岁才能开始有选举权，不太可能会制定任何法律，只有利于 40 岁的男性，却不利于所有其他社会成员。

这个保障的重要原理在于：40 岁的男性在更年轻的男性的福祉中存有深切的利益。否则有人就可能完全正确地反对：认为一旦决定权落入 40 岁男性手中，他们将会像其他任何脱离出来的社会一部分那样，想要追求我们已经描述过的事业，使其他社会成员沦落至可怜的奴隶境地。但是，绝大多数年长者都有儿子，并将儿子的利益视为自己利益极其重要的部分。这是一条人性法则。因此，在这种安排中并不存在严重的危险，即年轻人的利益会因老年人的利益而被大大牺牲。

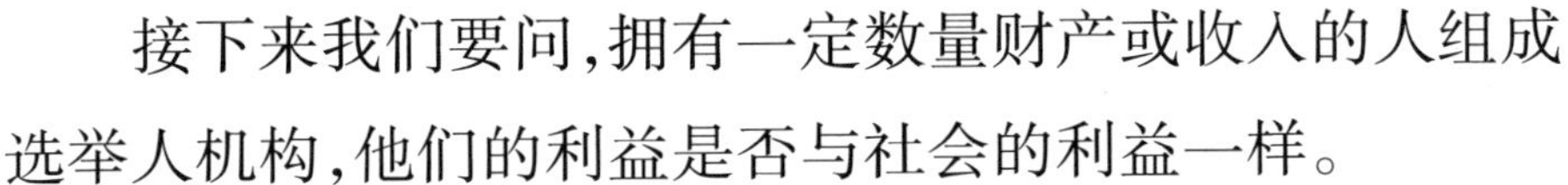

接下来我们要问，拥有一定数量财产或收入的人组成选举人机构，他们的利益是否与社会的利益一样。

不可否认，假如资格条件被抬得太高以至于只有几百人有条件，这种情形就与将选举权交给贵族完全一样。我们已经考虑到了这点，并且也已看到这只是在形式上而非实质上不同于简单贵族制。同样我们也看到，对社会而言，无论贵族成员是几百人还是数千人，情况都不会改变。所以，有一件完全确定的事是：与金钱相关的资格条件，除非很低，否则只会导致一个贵族式政府，并且产生所有我们已证明的属于恶政的弊端。

然而,这个问题值得更多一点细致的考虑。让我们接下来看相反的极端情况。我们假设资格条件非常低,以至于能包括绝大多数人。那么就会很难将仅有极少财产之人的利益与完全没有财产之人的利益区分开。对于仅有少量财产的人,给予拥有财产的人过多的好处并不符合他们的利益,因为那些拥有大量财产份额的人将转而反对他们。

因此可能可以说,低标准的资格不存在弊端,但另一方面却很难说有什么益处;因为假如拥有一定财产的整个人群作出一个好的选择时,很难假装说,增加数量相对较少、没有任何财产的人能够改变这个选择使之变坏,而他们的思想自然而然并且总是必然地被有产者的思想影响。

因此,我们已经确定两点:我们已确定,非常低的资格毫无用处,与无金钱资格要求相比,并不能保证作出更好的选择。同样我们也已确定,过高的资格将造成财富贵族,即使人数非常之多,但仍会使社会毫无保护,遭受无节制的权力带来的所有弊端。所以,唯一的问题是:在这些极端情形之间,是否存在任何资格条件,使只有少数财产或无财产的公民没有选举权,但仍能组成一个自身利益与社会利益一致的选举机构。

很难找到任何令人满意的原则指导我们的研究，并告诉我们应在何处解决问题。资格条件要么包括人口中的大多数，要么少于大多数。首先假设包括大多数人，那么问题在于：大多数人会不会想要压迫那些在这个假定情况中被剥夺政治权利的人？如果我们将估算缩小至组成这些大多数人的个体要素，就会看到他们得来的这种令人愤慨的利益，虽然多少有一些但并不会非常大。假如这些大多数人被算作统治机构，他们中的每个人的所得利益必然少于压迫单个人获得的利益。假如大多数人的数量是少数人的两倍，大多数人中的每个人只能获得压迫单个人所得利益的一半。在这种情况下，可以预期良好政府积累的所有好处将超过这个选举机构中几个成员通过不当治理为自身谋取的特殊利益。良好政府因而将获得可以接受的保障。其次，假如资格条件不允许选举机构庞大到可以成为大多数，这种情况下，仍然采用要素估算，我们会看到每个人获得的利益相当于压迫超过单个人所得利益，而且组成选举机构的成员越少，选举机构通过不当治理获得的利益将成比例增加，坏政府得到了保障。

似乎没什么必要再进一步分析有关金钱资格这一选择选举机构的原则。

我们只剩下第三个关于选举机构组成的方案。根据讨论中的这个方案,最好的选举机构应由特定阶级、职业或团体组成。其意图在于:当这些团体或群体被代表,社会本身即被代表。根据该理论支持者,产生这种效果的方式是:虽然这些团体中的每一个都会通过恶政获利而且具有最强烈的兴趣推动这种做法;但假如三、四个团体被委任共同行事,他们将无法通过恶政获利,除了建立良好政府外别无兴趣。

对这一代议制理论,我们不应试图追溯至 1793 年前。1793 年的 5 月 6 日,在关于格雷先生(现为伯爵)提出的一项关于代议制改革动议的辩论中,詹金森先生(现为利物浦伯爵),提出了这一代议制理论,竭力主张该理论并反对所有关于英国下议院改革的意见。其措辞与下议院两派领袖人物最近包装过的措辞一样清楚明晰。我们将转录詹金森先生这篇发言的章节,并为缩略的缘故,删除对了解该方案及其所依据的原因不必要的措辞。

詹金森先生说:"假设一致同意众议院应作为立法机构代表这个国家所有类别的男性,他[①]认为每个人都会同意,地产利益理应具有突出的分量。事实上,地产利益关

① 原文引言用的就是第三人称。——译者

系国家的持久力。其次，在像英国这样一个商业国家，工商业利益理应具有重要分量，次于并仅次于地产利益。但是否这些就足够了？还有其他类别的人群，有别于上述两类群体，他称之为专业人士，并且认为他们绝对有必要成为众议院的组成成分。他所指的专业人士是众议会中希望被擢升为国务重臣的议员、陆军或海军军官以及法律人士。”接着，作为希望这些他称为“专业人士”的人组成众议院的理由，他把这点作为一个事实——即乡绅与商人很少希望或有任何动机想要成为部长或是其他国务重臣。然而这些部长或大臣应从众议院产生，因此必须由“专业人士”组成他们。这并非全部理由，“为什么这些专业人士绝对必要还有另外一个原因。我们经常习惯在议院讨论所有重要国事，因此需要在实践中讨论过这些问题的人”。“还有第三个原因，在他看来，比其他所有原因都更重要。假如在众议院内只有乡绅，他们就不会是国家的代表，而只会是地主的代表。假如众议院内只有商业人士，他们不会是国家的代表，而只会是国家商业利益的代表。假如地产和商业利益都能找到通往众议院的路径，假如只有工商利益与之战斗，那么地产利益将能够阻扰工商利益获得宪法上应有的分量。事实上，这个国家所有类别的人都将任由地主摆布。”他补充道：“因此，专业人士使众议院成为人

民的代表。他们整体上没有团体精神,并能防止任何团体精神影响众议院议程;地产利益和工商利益都无法实质性地相互影响,而国家不同职业的利益都将被公平考虑。尊敬的阁下(格雷先生)及他提出的这份呈请,却建议选举的一致性,詹金森先生的意见与之相反,即选举模式应该尽可能多样化,因为假如只有一种选举模式,总体而言,众议院将只有一种类别的人,而不同的选举模式才能保证众议院的多样性。”

毫无疑问,这里所用的语言存在极大的模糊,看法上也存在大量摇摆和不确定性。但关于这个理论的看法,以同样半成品的状态出现在每一篇我们看到被用来引证的演说和著作中。这个理论实际上一直被薄雾环绕,光凭这点就造成困难;因为在准确认识任何事物是什么之前,很难准确知道它是好是坏。

根据利物浦伯爵的看法,地主应被代表,商人和制造商应被代表,陆海军军官应被代表。该方案的其他支持者补充说文人应被代表。我们相信这些已囊括了任何提倡社团代表制的人为实现该代表制而提出的全部团体。为确保选出地主的代表,地主必须成为选举者;为确保选出商人和制造商的代表,商人和制造商必须成为选举者;对于其他团体(不论多寡)亦如此。因此,不论形式如何,都能够至少在实质上执行这些可见的行为。根据这个讨论中的方案,这几个群体都直接被代表,而社会其他群体却未被直接代表;但该计划的支持者会说:他们已实际上被代表,从而达到同样的目的。

根据我们已经确定的结论,看来这些群体中的每一个似乎都确定有自己的邪恶利益,假如他们能够获得利益的话,将被引致通过恶政谋取好处。这点已被利物浦伯爵清楚坦诚地公开承认。对于那些不承认的人,似乎不可能设想他们对这点会有什么异议。

那么让我们现在来观察这个理论必须依赖的原则。三个、四个、五个或是更多个男性团体手中掌有对整个社会的无限权力。所有这些团体及它们中的每一个都有一种利益,与支配所有其他统治者的利益一样,即想要施行恶政并使社会其他成员的人身及财产完全归附于他们自己的好处。存有这样的利益,这种理论却说,他们并不会利用它,而只会运用他们所有的权力为社会谋利。除非这个命题能被证实,否则就是觊觎政治智慧的人暴露出来的最肤浅的理论之一。

让我们重新继续讨论这个命题:三个、四个或五个男性群体,组成社会的一小部分,所有政府权力都置于他们手中。假如他们彼此反对并且互相争夺,将无法使这些权力转化为他们自己的好处。假如达成合意,他们就能够将权力完全转化为他们自己的好处,并随心所欲处置社会其他成员。这种代议制的支持者认为,这些群体将必然采取违背他们利益的行为方式。而符合他们利益的行为方式,似乎从未出现在这些支持者的想象中。

这些团体有两种可以追求的行为方式:一种违反他们的利益,另一种则适合他们的利益。这种团体代议制的支持者必须排除所有怀疑,证明这些团体将追随第一种方式而非第二种。否则,世界将嘲笑这样一种建立在直接违背一项人性根本原则上的理论。

通过假设男性团体或男性社会都像个人一样受他们的利益支配,我们无疑遵从了相当完整的实际经验。一定数量的这些团体能够联合起来追求一个共同利益,这个想法与许多个人会联合起来追求一个共同利益相比,无疑没有什么非凡之处。利物浦伯爵谈到英国每个郡县不同地主群体组成的地主阶层具有的“团体精神”,也谈到英国数个重要市镇及工业区不同商人和制造商群体组成的商人和制造商阶层具有的“团体精神”。那么“团体精神”是什么意思?无非是联合追求一个共同利益。对当前这个理论假定的几个团体而言,当他们构成代表机构与被代表机构这种情况下就产生了共同利益。除非这一理论的支持者能够向我们证明：与所有经验相反，一个共同利益并不能在作为联合体的人们之间，也不能在个体之间创造“团体精神”，否则我们有必要相信：为代议制的目的而与社会其他成员分隔开的那些阶层之间，有可能形成“团体精神”；他们将追求他们的共同利益，并使社会其他成员遭受因追求这种利益导致的所有恶果。

关于联合追求共同利益的想法，并不意味着适宜行使代表职责的人群或团体会完全和谐。毫无疑问，他们之间会混杂大量相同或不同意见。但如果说经验能有任何指导的话，或者说一般的人性法则有什么力量的话，那便是足够的合意将会阻止他们忽视共同利益；换句话说，足够的合意将确保所有的权力滥用都有益于行使权力的各方。

因此，这种混杂代议制的实际后果只能是创造出一个混杂的贵族制，当然，也将保证带来因贵族制的本质而产生的那种恶政；不论是单一还是复杂多样的贵族制，也不论是全部由地主组成的贵族制，还是分别由地主、商人和制造商、海陆军及律师组成的贵族制，产生的恶政都同样多。

因此，现在我们已经考察了代议制的原理，并在其中发现了构成良好政府的保障所必需的一切：我们已看到通过何种方式有可能防止在代表中出现与选举他们的群体不同的利益，即给予代表极其有限的任期，而不依赖于那些选举群体的意志。我们同样也看到通过何种方式可以保证选举机构与社会其他成员利益一致，从而我们发现保证代表与整个社会利益一致的方法。结果我们便获得一个政府机构，其具备的品质是良好政府不可缺少的。

第九章　异议一：如果建立起完善的代议制将摧毁君主制和上议院

剩下的问题是：这个机构是否有能力履行所有政府职责？可以肯定回答不能。虽然它可能有能力制定法律并监督法律执行，但对于需要由个人来履行的执行职能本身及具体操作，该机构显然无法胜任。政府的执行职能由两部分组成：行政与司法。在这个国家，行政属于国王；如果处理政府行政权力最好的模式是将这些权力置于一个世袭而非选举产生的重要公职人员手中，那么一个类似我们英王那样的国王，以其完美的最高身份，似乎无疑是良好政府必不可少的分支，而他与代议制没有矛盾；而且即使之前不存在国王，也可由上文提到的其自身利益与国家利益相一致的代表机构设立一个。

同样的推理也完全适用于我们上议院。假设这是正确的，即为确保能完美履行立法及监督法律实施的事务，有另一个协商大会是必要的，并且像英国上议院这样一个

议会——由拥有最多地产,即有尊严又有特权的业主所组成,最适合实现这个目的。因此,如果之前不存在这样的议会,其自身利益与国家利益一致的代表机构将设立一个这样的议会;最有可能的原因是,代表们只会有支持它而无任何反对它的动机。

因此,那些反对者——反对任何能使代表机构利益与国家利益相一致的必要措施,他们辩称这样一种代表机构将废除国王与上议院,这完全自相矛盾。他们坚持说类似我国的国王与上议院是一个良好政府重要且必要的分支。只要国王与上议院不是导致坏政府的原因,自身利益与国家利益一致的代表机构显然确定没有动机废除他们。因此,那些断言代表机构必然会废除国王和上议院的人,暗中肯定了这两者正是导致坏政府的原因,而好政府并不需要。他们的疏忽实在令人惊讶。

这全部的推理链条取决于我们一开始便声明的原则,基于这个原则,人们的行为与自身利益相符。基于这个原则,我们设想这个链条是全面且无可辩驳的。这个原则似乎也建立在一个坚固的基础上:不可否认,人们的行为遵循他们的意志,他们的意志遵循他们的欲望,而他们的欲望则由他们对善恶的理解产生;换句话说,由他们的利益产生。

第十章　异议二：人们没有能力依照他们的利益行事

人们对善恶的理解可能是合理的，也可能是错误的。假如是合理的，他们的行为将依照他们真正的利益。假如错误，行为将不依照他们真正的利益，而是错误推测出的利益。

我们已经看到，除非代表机构是由其自身利益不会变得与社会利益不同的那部分人选出的，否则社会利益必然会被统治者的利益牺牲。

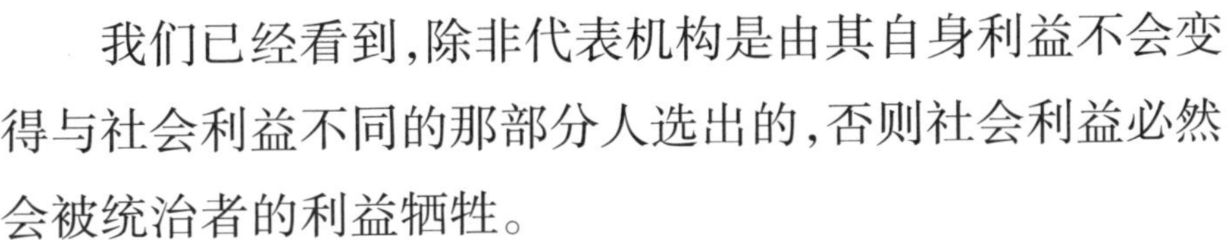

支持贵族权力的整个辩护者阵营断言，社会中那部分人——其自身利益与社会利益不会变得不同——不会按照自身利益行事，反而会违背自身利益行事。他们所有的辩护理由都基于这个假设。因为如果社会中自身利益与社会利益一致的那部分人，会按照符合他们自己利益的方式行事，那么他们将按照符合社会利益的方式行事，政府目的从而得以实现。

如果他们的这个假设是正确的,那么人类的前景可悲,无法改变遭恶政危害的命运。假如政府权力被置予自身利益与社会利益不一致的人手中,社会的利益将完全被统治者利益牺牲。即使假如社会掌有制约权力,或者由任何自身利益与社会利益一致的那部分社会成员掌有制约权力,根据现在讨论的这个假设,制约权力的拥有者,将不会按照符合他们自身利益的方式,而会按照违背他们自身利益的方式使用这项权力。按照这一理论,只能在两种恶中作出选择:要么选择蓄意产生的恶,由那些拥有压迫社会其他成员的权力并从中获利的人蓄意造成;要么选择因错误产生的恶,这错误是由那些如果依照他们自身利益行事将行事良好的人造成的。

假设这个理论是正确的,仍存在一个问题,即在两组恶之间,哪一组才是最大的恶:是那些有动机使用政府权力使社会沦落至实现他们意志的凄惨奴隶境地的人蓄意造成的恶,还是那些从未作恶的人但因误解自身利益失职而造成的恶?

基于对这个问题最为普遍和概括的看法,正确的答案似乎非常确定。能通过不当行事获得固定不变利益的人会始终不当行事。因错误而不当行事的人,经常做得很好,有时甚至是出于偶然;而他们在所有能够明白自身利益的情况下都会做得很好，这则是有意为之。

另外还有一个更重要的作为选择偏好的理由。利益与权力结合产生的这一方面的恶，完全无可救药。只要导致其发生的这种结合继续存在，这种结果就确定无疑。因错误产生的恶并非无可救药，因为如果那些违背自身利益行事的人对自身利益有正确了解，他们将会做得很好。因此，必需的是知识。知识对于其自身利益与社会利益一致的人来说，是充分的补救。而知识是能够不断增长的东西，增长越多，就越能减少这个方面的恶。

假设关于意志与利益对立的理论是正确的，那么切合实际的结论将是：既然因错误产生的恶有某些补救方式，而因权力和邪恶利益结合产生的恶没有任何补救方式，那么就应该采用有补救方式的一方，并采取任何必要行为获得尽可能最强的补救方式，并以可能的最大效力加以应用。

较高程度的知识能够传递给与社会拥有相同利益的那部分人，这一点不再被否认。这是建立良好政府的唯一资源，那些认为这仍不可实现的人处于一个两难困境：要么他们不想要良好政府——所有那些希望通过坏政府获得好处的人正是如此；要么将看到他们正在用最大努力增加社会群体的知识数量。

因此，不论我们是否接受或反对社会几乎没有能力按照自身利益行事的这个假设，实际结论事实上都是一样的。

然而，这一假设也值得考虑，但我们限于篇幅，无法给予这点更细致的考虑。

首先我们必须随时警惕一点，所有那些掌握政府权力却与社会利益不一致的人，所有那些分享滥用政府权力所得利益的人，以及所有那些受前两个阶层的榜样和表现影响的人，必定会在最大程度上将社会或与社会利益一致的那部分人描述成无法按照自身利益行事的人；显然，如果拥有这种一致利益的人，他们的行事在任何可接受的范围内符合他们的利益，那么与社会利益不一致的人就不应该再掌握政府权力。因此，出自后一个群体的关于前者没有能力这样行事的描述都应受到质疑。它们出自利益相关群体，他们最可能有强烈的动机欺骗自己并竭力欺骗他人。所有这些群体，出于利益相关的努力，不可能不宣传并长期成功维护这种观点，不论——基于精确的调查——这种观点会在多大程度上被发现毫无根据。

可以举一个相似案例。符合神职人员的利益是：当欧洲人民全都相信一个宗教，平信徒必须只采纳来自他们的观点；因为在这种情况下，平信徒可能会在任何可能的程

度上屈从于圣职人员的意志；而且鉴于所有观点都宣称来自《圣经》，他们取消了平信徒阅读《圣经》的权利。当导致宗教革命（以及所有可追溯至宗教革命的有益之事）的观点开始发酵，人们便强烈要求读经的权利。圣职人员抵制这一要求，正是基于我们现在思考中的这个假设："人们不理解他们的自身利益。他们肯定会误用《圣经》。除了各种错误观点以外，他们无法从中获得正确的观点。"①

毫无疑问，这个假设在宗教案例比在政治案例中更能被有力的表面证据证实。可以推断，对大多数人而言，相对于判断谁是最适合做代表的人，他们更没有能力通过《圣经》获得正确观点。

在宗教方面，经验已经充分显示了这个假设的本质。给予人民自己判断的权力已产生了良好的效果，达到了完全改变人性状况的程度，并且将人提升至一个可谓不同的生存状态。

那么我们还有什么理由被要求相信，假如社会中自身利益与整体社会利益一致的那部分人拥有选择代表的权力，他们将完全违背自身利益行事并作出不当选择。

---

① 当感受到时代精神对教会有害权力的强烈敌意后，对这些以及相似的维护教会有害权力的诡计最富有启发性的展示，可以在保罗神父的著作《特伦托会议史》（*History of the Council of Trent*）上看到。

也许有人会说经验证实了这个结论。我们看到人们并不按照他们的利益行事,而经常违反自身利益行事。

这个问题介于社会这两部分人之间:一部分人如果被委予权力,会想要通过不当使用权力而获利,而另一类人即使被委予权力,也不会想要通过不当使用权力获利。在被委予权力的情况下,前者就是构成贵族政体的人——不论其人数有多少。

在这种情况下,那些构成社会大多数的人,他们违背自身利益行事的频率不管有多大,只有通过和那些与他们形成对比的人违背自身利益行事的频率相比,才能得出结论。现在几乎可以很有把握地断言,那些构成任何国家贵族群体的人与那些构成社会其他部分的人中,都同样有很大比例的人因有损自身利益的行为而闻名。没有财富优势的人比完全受腐败行动支配的人更普遍地具有审慎特性。可以肯定地说,假如政府权力必须委托给没有能力良好行事的人,那么最好委托给那些对好政府有兴趣的无能者,胜过交给对坏政府有兴趣的无能者。

有人会说,不能仅仅根据贵族群体中那些绝大多数人的欠缺思考的行为,就得出结论反对这个群体有能力在公共事务管理中作出明智行为;因为这个群体总会有一定比例的智者,而其他人则受他们统治。没有什么比这说法更

相关的了。而且对这个说法进行一定的修改，可以说就是真实的。任何阶层中智慧又善良的人，几乎完全都统治其他人。然而必须继续进行比较。或许也可以说，对于自身利益与社会利益一致的群体，假如他们中间的一部分人欠缺思考，仍存在另外一部分智者；在国家事务上，不那么明智的人将被较明智的人统治——这与那些假如被委予权力、自身利益无法与社会利益一致的群体是一样确定的。

假如我们比较这两个形成鲜明对比的群体中的两类人员，我们会发现民主群体中愚蠢的那部分并不比贵族群体中的那部分更蠢，而明智的那部分也并不更明智。

虽然按照当前潮流宣传的观点，这结论可能看起来有点矛盾，但我们很可能发现真相正相反。

在社会中非贵族的那部分人中，不仅存在与贵族群体中同样很大比例的智者；而且在目前的教育情况下，加上知识的传播，反而拥有更大比例的智者。我们相信几乎没有人有意反驳这点。我们观察到，被广泛描述为最明智并且最有道德的社会那部分，即中产阶层，也包含于社会中非贵族群体的这部分中。同样无可置疑的是，在大不列颠，中产阶层人数众多并且组成总人口中的大部分。可以另外宣布一个非常有把握的命题，它已被所有相关专家同意，这些专家专注思考社会中大部分人意见的形成，或者说实际上是关于人性的总体原则。中产阶层以下的民众，他们观点的形成受到既有才智且品德高尚的中产阶层影响，思想也受他们的指导。中产阶层与他们有最直接的接触，并且经常习惯与他们亲密联系。在他们遇到的所有无数的困难中，下层阶层都赶到中产阶层那里寻求意见和帮助。不论健康或疾病、年幼或年老，他们都感到对中产阶层直接惯常的依赖。他们的孩子将中产阶层视为仿效楷模，每日反复听取他们的意见，并将采纳他们的意见视为光荣。毫无疑问，中产阶层给予科学、艺术及立法本身最卓越的装饰，这些也是所有一切提升和完善人性的首要来源。假如代议制的基础扩张地非常大，无疑中产阶层将是社会中作出决定性意见的那部分人。中产阶层之下的绝大多数民众必将受他们的建议与榜样的指引。

有一些事件，被竭力主张用来作为这个一般性规则的例外，甚至作为反对它的理由，但这些事件可以被视作反而更加证明了这个规则。不合常规的暴动，大多数情况下多半由男孩和妇女组成并搅乱某个特定市镇数小时或数天，这说明了什么？某个工业地区时不时发生骚乱，这个区域因极其缺乏中产阶层而非常不幸，当地人口几乎全部由富裕的制造商与贫困工人组成；穷人的思想无人费力去操心，穷人的痛苦也没有品德高尚的中产阶层家庭同情；

穷人的孩子无法看到并去仰慕这种家庭的好榜样；穷人被置于极其不利的工资波动境况，工资一年极高而一年极低，这些又说明了什么？关于良好政府的基础，说有这部分或那部分民众可能在这时或那时背离中产阶层的智慧是完全无关紧要的。只要绝大多数的人从未停止受这个阶层指引就足够了；而且我们有一定把握挑战人民的敌人，产生一个世界历史上截然不同的独一实例。

密尔论政府

（1829年3月）

〔英〕托马斯·巴宾顿·麦考利 著

在那些自称为功利主义或被他人统称为边沁主义的哲学家中，除了该学派杰出的创始人之外，密尔先生无疑是迄今最杰出的。如今在我们面前的这部短小著作[①]包含了这位先生及其同仁对几个最重要的社会议题的看法的总结。组成这本著作的所有7篇文章有许多不寻常的方面。但目前我们打算将我们的评论限于位列该书第一篇的《论政府》。在将来某些时候，我们也许会尝试公平对待其他篇章。

必须承认，在密尔先生的仰慕者看来，要公正评论密

---

① 指密尔1823年出版的《论文选集：I.论政府 II.法理学 III.出版自由 IV.监狱及狱政原理 V.殖民地 VI.国际法 VII.论教育》（*Essays on I. Government, II. Jurisprudence, III. Liberty of the Press, IV. Prisons and Prison Discipline, V. Colonies, VI. Law of Nations, VII. Education*），该书收录了密尔关于不同主题的七篇论文。——译者

尔的任何作品都不是件很容易的事情。这些仰慕者虽然未在实际上将密尔先生与边沁先生放在同样地位;但他们赞扬这位门徒所用的措辞,虽然与他们谈论边沁大师时用来表示敬慕的夸张言语相比较弱,但却像任何清醒的人会允许自己用来赞扬洛克或培根的措辞那样强烈。在我们面前的这篇文章可能是密尔先生享有盛誉的著作中最引人注目的。他的学派成员认为这部著作完美且无可争辩。其中的每一部分都是他们所深信不疑的;而诅咒的条款(他们在此方面丰富的信条远远超越了我们所熟知的任何神学象征)则全面有力地反对所有拒绝接受的人——只要他们拒绝接受已被无可反驳地证实了的任何一部分。他们坚持说,没有一个有足够领悟能力,从而能读完欧几里得第一定律的人,在读了这部伟大的论证杰作之后,会诚实地宣告自己仍未被说服。

但我们对这部著作形成了非常不同的看法。我们认为密尔先生的理论完全基于错误的原则之上,甚至基于这些原则的推理也缺乏逻辑。然而,我们认为他的推断使功利主义者充满钦佩并不奇怪。在过去一段时间,我们倾向于怀疑这些人——他们被一些人视为世界之光而被另一些人视为魔鬼化身——总体上只是一些看法狭窄、信息匮缺的普通人。他们表达出的对高雅文学的蔑视明显是一种无知的蔑视。我们理解他们中的许多人所读之书极少或根本不读书,却以从自己的自卑感中解救出来为乐——通过某些老师令他们确信他们所忽略的学业是毫无价值的,往他们嘴里塞五六段警句,帮助他们成为《威斯敏斯特评论》的临时一员,并在一个月内将他们转变为哲学家。这些“半吊子”的成就仅仅足以使他们那蠢人的卑微提升到话痨的尊严,并且在他们虔诚的伯母与祖母中间散布沮丧。我们十分了解,与这些“半吊子”混杂的还有许多良善的人,他们确实读了很多书并思考很多;但是这些阅读与沉思几乎专门限定于一类问题;所以虽然他们关于那些问题也有许多宝贵的知识,但他们绝不具备充分的资格来判断一个宏大的制度,看上去好像他们对文学和社会有更多的认识。

自认为比世界上其他所有人都聪明的人,没有什么比观察他们落入陷阱的方式更有趣或更有启发,他们的邻居用简单的正确常识都能发现和避免这些陷阱。功利主义者最重要的信条之一是:情绪与雄辩只会妨碍追求真理。因此他们假装贵格会式的平白无实的风格,或者确切地讲,是愤世嫉俗的冷淡与下流的风格。通过巧妙语言表达最有力的论点似乎对他们来说太过冗长、毫无意义。与此同时,他们以其他人都没有的天资,使自己的理解沉迷于最平庸和最卑劣的诡辩，只要这些诡辩伪装成论证的外观来到他们面前。他们似乎并不知道逻辑有其自身的错觉与修辞——谬论可能潜伏于三段论和隐喻中。

密尔先生正是取悦这类人的作者。他声明的论点是最精确的伪装；他的划分非常正式，而且他的风格总体上像欧几里得的《几何原本》一样枯燥。必须允许我们表示怀疑这是否属于优点。这些是确定的：即哲学的真正原理被最少了解的时代正是逻辑的仪式被最严格遵守的时代，自实验科学开始迅速发展的时候，也正是不那么精确也不那么正式的写作方式开始被使用的时代。

功利主义者赞赏的风格只适合于可用先验推理的问题。先验推理随着兴盛于黑暗时代的言辞诡辩成熟起来。在人类思想大解放的时期，它与这种诡辩都败给了培根哲学。归纳法不仅容忍并且要求更自由的措辞。只依靠学者直白枯燥的术语，不可能从现象推理出原理，不可能标示出细微的质量差别，不可能估计两种相反因素的比较结果——两者之间不存在共同的衡量标准。密尔先生继承了这些学者的精神与风格。他是15世纪的亚里士多德派，他生不逢时。我们这里的这部详尽的《论政府》，除了两三处一笔带过的暗示，作者似乎没有意识到有任何政府在人们中间实际存在过。他假定了人性的某些倾向，并以此为前提综合演绎出整个政治科学！我们几乎无法不说服自己相信我们正在读的是一本在培根或伽利略时代之前写就的书。在那个时期，医师通过热的本质推断治疗发烧的疗法，天文学家以三段论证明行星不可能独立运转——因为诸天是永不朽坏的，而且大自然厌恶真空！

密尔先生用来解释采取这个方法的理由也让我们觉得极其惊奇。

他说："假如我们只看事实的外表，经验在这个问题上似乎是分裂的。罗马皇帝尼禄们和卡利古拉们、摩洛哥皇帝和土耳其苏丹统治下的绝对君主制，是人性的祸患。另一方面，丹麦人民则极其厌倦贵族的压迫，决定他们的国王应拥有绝对权力，并且在他们的绝对君主制下，实现了与欧洲其他任何民族同样良好的管治。"

这里密尔先生其实给出了追求先验推理方法的理由。但是根据我们的判断，他提到的情景恰好不可抗拒地证明先验方法完全不适宜此类研究，而且唯一能找到真理的道路是通过归纳法。经验从来不会分裂，或者除非参照某些假设才看上去是分裂的。当我们说一个事实与另一个事实不一致，我们只是指它与我们基于另外一个事实发现的理论不一致。但是，假如事实是确定的，那无法避免的结论就是我们的理论有误；并且为了修正理论，必须从收集到的更多事实重新推理得出原理。

现在按照密尔先生自己的描述，在他的理论分类下，我们在同样的首领之下有两种政府。因此，按照基于这一理论分类的推理，显然，我们应得出的结论是：这两种形式的政府应产生同样的后果。但密尔先生自己却告诉我们它们不会产生同样的结果。由此，他暗示获得真理的唯一方式是：完全信任先验证据链条，它们似乎必然会导致同样的结果！立即相信一个理论并且也相信与该理论矛盾的一个事实，是十分困难的信仰操练。然而相信一个理论是因为一个事实与之矛盾，无论哲学家还是教皇都还不曾这么要求过。然而，这就是密尔先生要求我们的。他似乎认为，假如所有专制君主毫无例外都管治不当，就没有必要通过综合论据来证明通过经验就足以清楚的一切。但鉴于一些专制君主如此不近情理要进行良好管治，他发现自己被迫要用综合论据证明他们的良好管治是不可能——假如没有矛盾的事实出现，这样的综合论据本来是多余的。他进行先验推理，是因为现象并非他通过先验推理证明的那样。换句话说，他进行先验推理，是因为如此推理，他才可以确保得出错误的结论！

在我们提议对密尔先生的推断进行考察的过程中，我们不得不注意到许多其他奇特的例子，与上述所引段落显

示的思维方式一样。

他的论文的第一章是关于政府目的。他告诉我们大多数人的脑海里对这一问题存在的理解既模糊又无区别。首先,他假定政府的目的就是:"增进最大多数的快乐,并最大程度地减少痛苦,而这些快乐和痛苦都源于他人。"他接着意气风发地继续证明:"一个社会实现最大可能的幸福在于确保每个人从自己的劳动成果中获得尽可能多的数额。"在他看来,实现这一点就是政府目的。引人注意的是,密尔先生处处显示他伪装的精确,此处给出的对政府目的的描述却远远不如一个俗人嘴里说出来的精确。也许与密尔先生乘马车同行的第一个人将告诉他政府的存在是为保护人们的人身及财产。但密尔先生似乎认为保护财产才是首要的唯一目标。无疑,许多给人身带来的伤害确实是由他人想要占有他们的财产而引起的。但像欧洲一些地方存在的报复性暗杀行为,以及像16、17世纪成群的决斗者的副手不惜冒着自己以及决斗者的生命的危险所进行的肆意斗殴与血腥决斗行为——这些行为以及许多其他可以说出的行为明显对社会是有害的;而且我们看不出如何能说容忍这些行为的政府是为了"最大程度减少人民彼此带来的痛苦"。因此,按照密尔先生非常正确的假设,这样的政府将无法完美实现其设立的目的。但我

们注意到,这样的政府却可能“确保每个人从自己的劳动成果中获得尽可能多的数额”。因此,按照密尔先生随后的教义,这样的政府可以完美实现其设立的目的。这个问题没有什么重要性,除了作为一个草率思维的例子,这种思维经常掩盖在对简洁逻辑的怪异卖弄之下。

确定了政府目的之后,密尔先生接着考虑实现方式。为了保护财产,社会中的某些部分必须被委予权力,这即是政府。问题是如何防止被委予必要权力的这些人滥用权力?

密尔先生首先检阅了简单的政府形式。他同意说整个社会的大规模集会即使在物理上可能,也非常不便;从而得出结论,政府权力不应该由人民直接行使。但除了我们提到的这个困难,他对纯粹直接的民主制并没有什么异议。

他说:“社会不可能存在与自身利益相悖的利益。认为社会存在与自身利益相悖的利益是自相矛盾的说法。社会在自身内部或关于自身的方面不可能存在邪恶的利益。一个社会可能会对别的社会有邪恶用意,却从来不会这样对自己。这是一项不容置疑的重要命题。”

密尔先生接着继续论证一个纯粹的贵族形式的政府必然是坏的:

“政府存在的理由是：当一个人强于另一个人时，将强夺另一个人拥有的任何他自己想要的东西。但如果一个人这样做，其他一些人也会如此。假如权力被置于相对少的一些人手里——即贵族政体，权力会使他们比其他社会成员更强大，他们将随其所欲尽可能多地从其他社会成员那里夺取欲望之物，从而败坏政府设立的根本目的。因此，贵族政体不适宜被委予政府权力已被充分证实。”

密尔先生用完全相同的方式证明绝对君主制也是坏的政府形式：

“假如政府的建立是基于这项人性法则，即一个人如果有能力就会从他人那里夺取自己想要的任何东西；显然，当他被称为国王后，本性也不会随之改变；因此，当他获得权力能够从每个人那里夺取他喜欢的东西，他将会夺取任何他喜欢的东西。假设他不会这么做，就等于肯定政府没有必要设立，以及人们会自愿放弃伤害他人。

> 非常明显，这个推理也可以延伸至任何少数人掌权的政体，不论其人数如何变化。当政府权力被置于任何人而非社会手中时——不管是一个人，还是一群人或是几个人手里，那些暗示政府存在完全必要的人性准则，也暗示这些掌权者将利用权力败坏政府存在的目的。”

但一个国王或贵族是否可能很快便会满足于他们的欲望之物，并且可能保护社会享有剩余的部分？密尔先生的回答是否定的。他以极大的排场证明：每个人都希望其他所有人的行为符合他的意志。而唯有源自快乐或痛苦的动机才能诱使他人顺从我们的意志。施加痛苦当然是一种直接的伤害；而且即使采取较温和的方式，为了使人们因源于快乐的动机而顺服，政府就必须授予恩惠。但既然对获得顺服的欲望是无限的，那么给予恩惠的倾向也是无限的；鉴于政府只能靠掠夺人民来授予恩惠，那么对人民的掠夺倾向也是无限的。“因此，在国王或贵族的头脑中，对欲望之物的渴求不可能有任何饱和点。”

密尔先生接着继续证明：君主政府和寡头政府都会通过源于痛苦或快乐的动机影响民众，他们会将残暴和贪婪推进到极其严重的程度。鉴于他似乎非常赞赏自己在这

个问题上的推理，因此我们认为只有让他自己来说才恰当：

“这里的推理链条紧密有力，达到了极其不寻常的程度。一个人希望他人的行为立刻准确地符合自己的意志，而且希望尽可能多的人的行为都会如此，那么恐惧是极重要的手段。只有任何希望意志与行动实现不一致的意愿都有灾祸相随，恐惧才能发挥作用。因此，每一次行为与意志不符都要受到惩罚。既然心灵对快乐的渴望是无止境的，那么想要完善实现这种快乐的手段的欲望也当然是无止境的，因此，渴望个人意志与他人行为实现一致性的精确程度也是无止境的；所以，能获得这种结果的恐怖的强度也是无止境的。任何与意志不符的行为，即使是最细微的，都必须施加最严厉的处罚。鉴于极其精确的一致性必然无法经常实现，残酷的惩罚必须是不间断的。

因此，我们已得出几个可能最为重要的结论。我们看到，设立政府的必要性正是基于这样一项人性法则，即一个人倾向于以他人为代价为

自己获取欲望之物，当一个人获得统治社会的权力并且不受任何制约，这种倾向必然会导致他不仅掠夺社会直至其他成员（一般不包括那些享受和进行掠夺的人）只剩最基本的生活资料，而且他残酷的程度将使最强烈的恐惧持续存在。”

虽然可能会感到迷惑，但没有一个对过去或是当下这个世界的真实情况有略微了解的人会有可能被这样的论点说服。在过去的两个世纪，有数百位拥有绝对权力的国王曾在欧洲实施统治。他们的残暴都使最大程度的恐怖一直存在吗？他们的贪婪只留给他们所有的臣民（除了大臣与军人以外）最基本的生活资料吗？所有这些都是真的吗？还是有一半是真的？还是十分之一是真的？或者只有一件是真的？即使对于腓力二世、路易十五、保罗一世而言，是否也在全部的范围内都是真的呢？其实几乎没有什么必要引用历史。不论对书本多么无知，没有一个具有常识的人会接受密尔先生的论点；因为没有一个具有常识的人在同胞中生活一天，会看不到无数与之矛盾的事实。然而，我们有责任指出这些谬论，而且所幸这谬论并不十分深奥。

我们认为统治者会夺取尽可能多的欲望之物，并且如

果有必要通过他人达到这一目的，他们将会试图在权力范围内用各种办法强制他人立即服从。但什么是人的欲望之物？肉体的快乐无疑是一部分。但仅是食欲本身——这个我们与动物共通的嗜好，如果不加诸任何味道、炫耀或喜好，几乎可以像动物一样廉价又轻易地得到满足。一个生活宽裕的绅士花费在仅仅为了使自己身体获得感官愉悦的费用是他收入中多么小的一部分！即使花费在他的厨房和酒窖那些更大部分的费用也不是为激发味觉，而是为了保持他好客的品质，使他免于因低劣的家政而受指责，并且能加强与友舍的关系。显然，供应一个国王或贵族使其仅仅满足于肉体愉悦所用的费用，即使最原始和最贫穷的社会都几乎不会感到有很多。

那些属于我们的感觉与习性，比如推理与想象，的确就不那么容易满足。我们承认对这类欲望之物的渴求是没有饱和点的。因此，如果不是欲望之物的本性中存在与他的论点不符的地方，密尔先生的论点有可能是合理的。在所有这些事物中，通常似乎没有什么是比他人的好评是人们最想要的。公众的厌恶与轻蔑通常是令人感到难以忍受的。我们在交往中对同类情绪的关注，很可能源于我们感觉到他们能够伤害或服务我们。但就算这样，众所周知的是，当我们谈到的这种思想习惯一旦形成，人们便感到极其在意某些人的看法，而这些人是最不可能，也绝不能够给他们带来最小程度的伤害或益处。对死后名誉的渴望以及对死后被羞辱与咒骂的惧怕，是任何人都几乎无法完全摆脱其影响的一种感觉，也成为促使许多人行动的持续的强大动机。我们担心，假如按照我们的方式处理该论点的这个部分，将招致过于“伤感”的指责，而这个词在边沁主义者神圣的语言里与“白痴”同义，因此我们将引用密尔先生自己在他的《法理学》专著中关于这一问题的说法：

“来源于道德的痛苦就是源于人类负面看法的痛苦……这种痛苦能够上升到一个高度，我们人性带来的任何其他痛苦都几乎无法与之比拟。当同类的负面看法达到特定程度，任何符合正常人性标准的人几乎都无法继续生存下去。

这一强有力的作用对防止实施有害行为的重要性如此明显，无须进行解释。如果它被充分掌握，几乎可以取代使用其他方式……

要明白如何引导人类的负面看法，有必要通过尽可能彻底全面的方式了解是什么导致它们产生。为解决这里讨论的问题，勿需涉及形而上的方面，只要说人的负面看法会被每件伤害他们的事激发，就是一个充分实际的回答。”

奇怪的是，虽然作者考虑到源于他人负面看法的痛苦是如此敏锐，以致如果被充分掌握可以取代绞刑架和水车①的使用，但在讨论政府问题时也不能完全忽略这一最为重要的制约因素。我们将试着用密尔先生喜爱的数学形式，从他自己提供的前提演绎出一个政治理论。

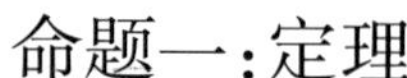

命题一：定理

没有统治者会做任何可能伤害人民的事。

这是将要主张的命题；接下来我们谦虚地向密尔先生献上它的三段论证明。

没有统治者会做造成自己痛苦的事。

但人们的负面看法会被每件伤害他们的事激发。

所以没有统治者会做任何可能伤害人民的事。这已是被证明的事。

---

① 在英国，踩水车曾是惩罚犯人的一种苦役。——译者

我们认为已经如此成功模仿了密尔先生的逻辑，我们看不出为什么不模仿他至少同样完美的自鸣得意，并以他自己的话宣称我们“找到了”：“这里的推理链条紧密有力，达到了极其不寻常的程度。”

事实上，当人们采用这种推理模式探讨无法通过精确定义界定的事物，当他们一旦开始谈论权力、幸福、悲惨、痛苦、快乐、动机、欲望之物，就如同谈论线条与数字一样，他们会陷入无穷无尽的矛盾与荒谬。在道德与政治学科，任何一项极其错误的命题，我们都能通过貌似符合逻辑并基于公认原理的论证给予证明。

密尔先生争辩说，假如人们没有相互掠夺的倾向，政府就没有必要；假如人们有这样的倾向，被委予政府权力的少数人必然会滥用权力。当然，在任何道德哲学中，我们不可能通过提出此类两难困境而得出可靠结论。全部的问题是一个程度问题。假如所有人都倾向于适度赞许他们的邻居享有任何程度的财富、显赫或感官快乐，那么政府就没有必要存在。假如所有人都如此强烈渴望财产，以至愿意为了六便士而勇敢面对同胞的仇视，那么密尔先生反对君主制与贵族制的论点则完全正确。但事实是，所有人都有一些欲望促使他们伤害他们的邻居，又有另一些欲望促使他们使邻居受益。现在假如一个社会由两个阶级组成，其中一个阶级主要受一组动机的影响，另一个阶级则主要受另一组动机的影响，那么政府显然有必要限制那个热衷掠夺而不在乎名声的阶级；却可以将政府权力安全地委托给那些主要被赞许之爱激励的阶级。现在可以相当合理地坚持说，在许多国家都有一定程度上符合这种描述的两个阶级：穷人组成的阶级是政府建立起来为了限制的对象，而有一定财产的人组成的阶级则是政府权力可以毫无危险地信赖的对象。可能有人说，一个几乎无法靠艰辛劳动维生的人比一个享有许多奢侈品的人会受更强的诱惑去抢劫他人。可能有人说，一个在人群中找不到的人可能比一个社会地位和生活方式都惹人注意的人更少惧怕公众看法。我们并没有肯定所有这些说法。我们只是说密尔先生有责任证明与这些说法相反的情况；没有证明与这些说法相反的情况，他就没有资格说："那些暗示政府存在完全必要的人性准则，也暗示这些掌权者将利用权力败坏政府存在的目的"。这是不正确的，除非富人可能会像穷人一样觊觎邻居的财产，并且穷人可能会像富人一样在乎邻居的看法。

但我们看到在这些问题上进行这样的先验推理，不可能再前进一步。我们知道每个人都有一些欲望只能通过伤害邻居得以满足，而有一些欲望则只能通过使邻居愉快而得以满足。密尔先生选择只看人性的一半,并将推理建立在促使人们压迫掠夺他人的动机上,就好像这些是唯一可能影响人的动机。我们已经证明,如果拿取人类特性的另一半,并且将之视为全部来进行推理的话,我们会产生一个结果,与密尔先生得出的结论截然相反。通过这个程序,我们可以容易地证明任何政府形式都是好的,或者所有政府都是多余的。

现在我们必须伴随密尔先生到他论述的下一阶段。任何三种简单的政府形式的结合是否能提供防止权力滥用的必要保障?密尔先生抱怨坚持这是可行的那些人通常是想当然;他则继续用自己的方式解决这个问题,证明三种或任何两种政府简单形式的结合都不可能存在。

> “根据我们已经定下的原则,三方中的任何一方都将会努力去获得尽可能多的人类欲望之物——更确切地说,是达到人类欲望的手段,即财富和权力。
>
> 假如有任何权宜之计出现在假定的任何一方面前,能够有效实现上述目的且不阻挠其想要追求的任何对象,我们可以确定地推断,该权宜之计将被采纳。有一项有效的权宜之计,与其说

有效,不如说是显而易见:任何两方联合起来可以吞并第三方。与其他任何取决于人类意志的事一样,这种联合似乎也必然会发生,因为存在强烈动机赞同这么做……这三种政府的混合显然不可能存在。……探究两种政府形式的结合是否不可能也许是适当的。……

让我们先假设君主政体与贵族政体结合。他们的权力可能平等或不平等。假如不平等,那么根据我们已确立的原则得出的必然结果是:较强一方必然会从较弱一方夺取权力直到占有全部权力。那么唯一的问题是,当权力平等时将会发生什么?

首先,似乎就不可能会存在这种平等的权力。如何建立平等的权力?又或者说依据什么标准确定?假如不存在这样的标准,那么在所有情况下都只能是机会的结果。如果是这样的话,权力无法平等分配的机会倒是无限大。因此,这种想法完全是虚妄荒谬的。

在这三种简单政府形式混合的学说中,包含着一个著名理论,即政府各组成部分之间的权力平衡。这个理论假设:当政府由君主政体、贵族政体和民主政体组成时，他们能互相平衡，并且通过相互制约产生一个良好政府。寥寥数语就足以说明假如有任何理论能够被称为‘疯狂、幻想、荒唐’的，则正是这种平衡理论。假如存在三种权力，如何能防止其中两方不联合起来吞并第三方？

我们已进行的分析将使我们能够在假想的情形下迅速发现一连串的因果联系。

我们已看到，从总体或民主的观点来考虑，社会的利益在于每个个体应受到保护，而且为了这个目的而构建的权力应该只专门用来实现这一目的。……我们也看到国王和统治贵族的利益与上述命题直接相反；他们利益在于对其他社会成员拥有无限的权力并且用来为自己谋利。在一个假想的君主权力、贵族权力以及民主权力平衡的情况下，对君主或贵族而言，与民主政体的联合并不符合他们的利益；因为对于民主政体或整个社会的利益而言，国王或贵族都不应该拥有任何一点权力或社会财富来为自己谋利。

民主政体或社会有一切可能的动机去努力防止君主和贵族为自己的好处行使权力或获取

> 社会财富，君主政体和贵族政体也有一切可能的动机努力去获得对社会成员和财富的无限的权力。不可避免的结果是：君主和贵族有一切可能的动机结合起来获取权力。”

如果说上段中有哪个部分相比其他部分最为荒谬至极，我们认为那便是密尔先生证明不可能存在君主制与贵族制结合的论点。他说，他们的权力要么平等、要么不平等。但关于平等却没有标准，因此阻碍平等存在的可能性无限大。假如权力不平等，那么结论就是：从人性准则出发，较强的人将夺取较弱的人直到独占全部权力。

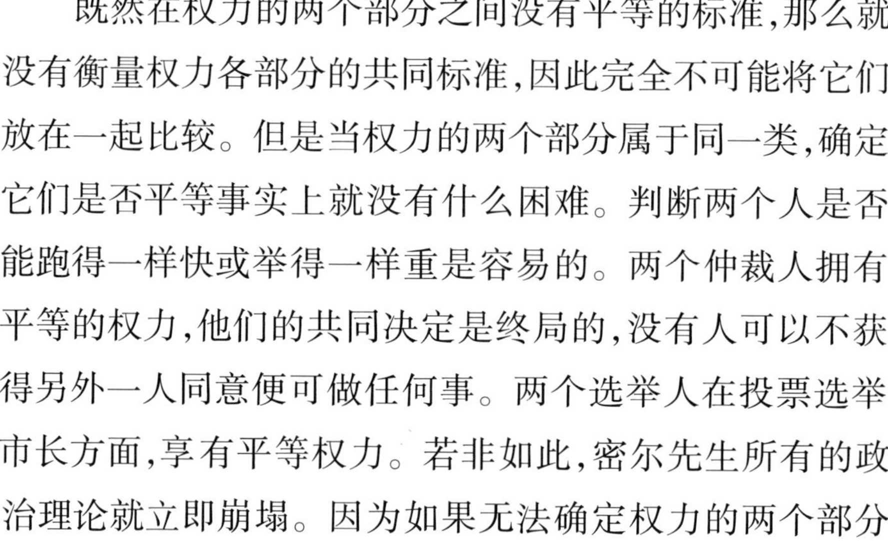

既然在权力的两个部分之间没有平等的标准，那么就没有衡量权力各部分的共同标准，因此完全不可能将它们放在一起比较。但是当权力的两个部分属于同一类，确定它们是否平等事实上就没有什么困难。判断两个人是否能跑得一样快或举得一样重是容易的。两个仲裁人拥有平等的权力，他们的共同决定是终局的，没有人可以不获得另外一人同意便可做任何事。两个选举人在投票选举市长方面，享有平等权力。若非如此，密尔先生所有的政治理论就立即崩塌。因为如果无法确定权力的两个部分是否平等，他就永远无法证明：即使在普选制下，少数人也可能无法违背多数人的意愿和利益而在每件事上都按照自己的方式行事。

既然权力两个部分的种类不同,我们必须承认没有平等的标准。但在这种情况下,像密尔先生那样谈论强弱就很荒谬。确实,一般而言,以及针对某些特定对象,用这些字眼也许十分合适。但以数学的方式应用则完全不适当。如果我们谈到一场拳击比赛,我们可以说某些著名职业拳手比任何一个英国人都具有更强的身体力量;如果我们谈到一场默剧,我们可以同样这样说某些非常敏捷的丑角,但如果泛泛地说丑角的力量超过或达不到拳击手的力量,就是在胡说八道。

假如密尔先生的论点适用于立法机构的不同分支之间,那么应该也同样适用于主权之间。可以说,每一个政府如果能够的话都会从彼此那里夺取欲望之物。假如法国政府可以征服英国,它也将会这么做。假如英国政府可以征服法国,它也将会这么做。但英国与法国的权力要么平等,要么不平等。不完全平等的可能性无限大,可以放心地不予考虑;那么,较强一方必然将掠夺较弱一方直至其完全被奴役。

当然,对所有这些嘈杂无意义的言语的回答是最可能的浅白。在某些方面,英国强于法国,而在某些方面,两国则都完全没有力量。法国有更多人口,而英国有更多资本;法国有更多陆军,而英国有更多舰队。远征里约热内卢或菲律宾群岛,英国有更大力量。对波河或多瑙河地区作战,法国则有更大力量。但没有一方有足够的力量使另一方沉默屈服一个月。侵略将十分危险,想完全征服任何一方的想法十分荒唐。这才是讨论这类问题应采取的有男子气概的明智方式,密尔先生的“故曰”,确切地说是他的“古曰”[①],都无法欺骗一个孩童。但我们实在不应该这么说,因为我们记得曾听过有一个孩童问拿破仑是否比大象更强壮!

密尔先生提醒我们想起那些16世纪的哲学家,自我满足于这样一个先验,即物体落地速度完全随他们的重量的变化而变化,拒绝接受基于他们自己听到和看到的证据得出的相反结论。根据密尔先生的分类,英国宪法是君主制与贵族制的混合。议会中的一院由世袭贵族组成,另一院则几乎全部由一个特权阶级选出,这个特权阶级因他们的财产或者与特定团体的关系而享有选举特权。密尔先生的论据证明,这两个权力在我们政府内开始结合——即

① 此处原作者应引自莎士比亚《哈姆雷特》中第五幕第一景,其中的掘墓人为卖弄学问,却把“故曰”(拉丁文“ergo”)讲成“古曰”(原文“argal”)。见彭镜禧,《细说莎士比亚论文集》,台湾大学出版中心2005年版,第273页。——译者

从我国历史最初的开端起——彼此之间就必然已经不断侵蚀。而且按照密尔先生的观点,所有的侵蚀必然只对一方进行。因为第一次的侵蚀只可能由较强的一方作出,并且第一次的侵蚀将使强者更强。所以是个绝对的论证:要么是议会强过国王的亨利八世统治时期,要么是国王强过议会的1641年。正如莫里哀戏剧中的女孩所说:“随便希波克拉底爱怎么说,马车夫还是死了。”随便密尔先生爱怎么说,英国宪法仍然活着。自从光荣革命议会获得了国家大权以来,没有人会质疑这点。而另一方面,国王可以册封新的贵族成员,并能解散议会。威廉长期遭受来自众议院的严重羞辱,并且在实际上被不合理地压制。安妮想要改变一个在两院都占多数的内阁,她等待解散的时机,册封了12位保守党贵族成员并且获得成功。但30年后,众议院将沃波尔赶下台。1784年,即使面对众议院的大多数,乔治三世仍能保持皮特先生在位。1804年,同样是这位国王,担心在议会的失败,促使他与最喜爱的内阁大臣分道扬镳。但是在1807年,他又成功地做了一百年前安妮所做的完全一样的事。那么,在那个有趣的世纪,国王的权力是增加了还是保持不变?有没有可能会有亿万分之一的运气落到我们身上?假如不是,密尔先生已经证明了两方中的一方必然已不断从另一方夺取权力。许多最

有才干的英国人认为国王的影响自安妮统治以来在总体上是增加了,另外一些则认为议会的力量一直在增加。但没有人否认双方在过去和现在都掌有大权。如果密尔先生的论点中有至少一丝真理的话,那么毫无疑问,在120年结束之时,不管是这一方还是那一方必然应该已成为获胜者。

但我们请求原谅。我们忘记了一个与密尔先生理论矛盾的事实,在他看来,这个事实提供了拥护他理论最有力的理由。从另外一个方式继续这个问题:可能会有两个机构各自掌握全部的完整权力,未经其同意无法夺取该权力——这难道不是很清楚吗?当将较强或较弱这些词用于这样的类似机构,它们是什么意思呢?一方可能通过有形暴力完全摧毁另一方。但对于可以用有形暴力征服两者的第三者来说(比如他们自己的将军),这不是问题。没有任何政府形式,包括密尔先生的乌托邦民主制,在发生这种情况时仍能是安全的。我们谈论的是宪法赋予立法机关两个分支的权力,我们要问密尔先生,基于他自己的原则,如果另一方同意被侵蚀是必要前提,他如何能坚持认为它们其中的一方能够侵蚀另一方。

密尔先生告诉我们,假如政府由三种简单形式组成——他并不承认英国宪法是这样,其中的两个构成部分

将不可避免联合起来反对第三方。现在，假如他们中的两方结合起来并且行动如一，这显然变成了最后一种情况，而且我们刚刚做的所有观察都将完全适用。密尔先生说“任何两方联合起来可以吞并第三方”，后来又问：“如何能防止其中两方不联合起来吞并第三方？”当然，密尔先生一定知道，在政治上“二”并不总是“一”的两倍。假如每一项法律都需要立法机构所有三个分支的同意，那么每一个分支便拥有足够的宪法权力保护自己免受任何侵害，除了那种有形暴力以外——没有政府能免于这种侵害。密尔先生令我们想起爱尔兰人，无法令他们理解一个陪审员如何能使其他 11 个人屈服。

然而是否确定立法机构的两个分支必然会联合起来反对第三方？密尔先生说，“与其他任何取决于人类意志的事一样，这种联合似乎也必然会发生，因为存在强烈动机赞同这么做，却想不出任何反对的动机”。他随后阐述了这些动机是什么。民主的利益在于每个人都应受到保护。国王和贵族的利益则在于拥有他们能够获得的所有权力并用于他们的个人目的。因此，国王与贵族具备所有可能的动机联合起来反对人民。假如我们的读者回顾上面所引段落，他们将看到我们相当公正地展示了密尔先生的论点。

无须历史或经验的帮助，现在我们应该已经想到，密尔先生根据他自己的逻辑就会发现潜伏在这个伪装的论证之下的谬论——其实很难算是潜伏。国王的利益可能与人民的利益对立，但与贵族的利益是否一致？正是在包含这个论述的篇章中——即意欲证明国王和贵族将联合起来反对人民，密尔先生试图指出在国王与贵族之间的利益对立如此强烈，假如政府权力在他们之间分割，一方将不可避免地篡夺另一方的权力。假如这样的话，密尔先生就无权断定两者将联合起来摧毁人民的权力，仅仅因为他们的利益与人民的利益可能有冲突。密尔先生有义务证明：不仅在所有社会里，国王的利益都与人民的利益对立，而且在所有社会里，国王与人民利益的对立比国王与贵族利益的对立更直接，但他却没有证明这一点。因此他并没有基于他自己的原理证明他的命题。引述历史纯粹浪费时间。每一个学童，只要学到过《高德史密斯英国简史》（*Abridgment of Goldsmith*），都可以提出君主与人民结盟反对贵族的例子，以及贵族与人民结盟反对君主的例子。总的来说，当一个国家有三方，每一方都会对其他两方有所畏惧，尚未发现两方联合起来掠夺第三方。假如这样的联合成立，也几乎难以实现它的目的。因为很快会变得明显，联盟中的哪一方可能成为交易中更大的获利者。

他成为自己盟友忌妒的对象，盟友很可能改变立场，迫使他归还已拿走的一切。每个人都知道亨利八世如何在法兰西斯一世和查理五世之间见风使舵。但引用体现这个原则的例子没有什么意义，它几乎显示在古今历史的每一页上，而且几乎每个欧洲国家的独立都曾经受惠于这个原则。

密尔先生自认为已经证明了简单的政府形式是坏的，而混合形式不可能存在。然而人类似乎仍有一个希望：

> “在当代的大发现中，有可能找到能够解决所有推测或实际困难的代议制。如果不能的话，我们似乎就得被迫接受不同寻常的结论：即良好政府是不可能的，因为除了社会自身以外，任何个人或个人的联合体被赋予政府权力后都有意通过坏政府获利；而社会本身无法行使这些权力，必须将之委托给某个人或个人的联合体，结论很明显：社会本身必须制约这些个人，否则他们将遵循个人利益而产生坏政府。”

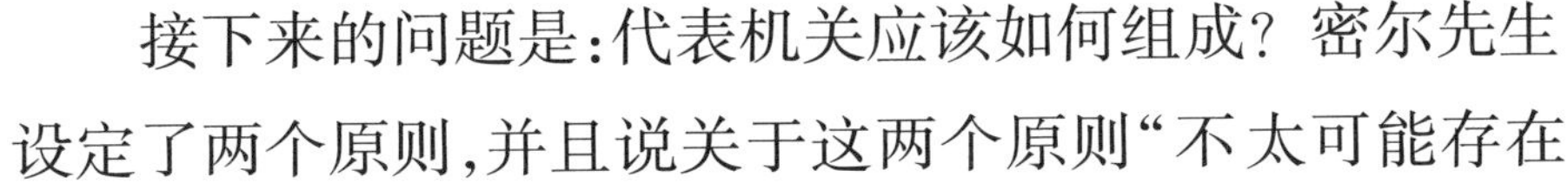

接下来的问题是：代表机关应该如何组成？密尔先生设定了两个原则，并且说关于这两个原则“不太可能存在

什么争议”。

“首先,负责制约的机构必须拥有一定程度的权力足以行使制约职责。”

“其次,制约机构必须拥有与社会一致的利益,否则它将恶意使用权力。”

这些命题中的第一个无疑是没有争议的可能的。关于第二个,我们将利用以下机会对密尔先生用来理解“社会利益”一词的方式作一些评论。

基于密尔先生的原则,发现任何能使代表机构与选举机构利益一致的模式看上去并不容易。密尔先生建议的方案不过是非常频繁的选举模式。密尔先生说:“因此看起来,限制权力任期是抵御人民代表的邪恶利益的保障,似乎也是理应承认的唯一保障。”但密尔先生用来证明君主制与贵族制有害的所有论据,在我们看来同样证明了这种保障其实是完全没有保障。当代表们一旦被选举出来,他们就立刻成为贵族,拥有与社会对立的利益,难道这不是很清楚吗?为何他们不通过一项法律将他们的权力期限从一年延长至十年或者宣布自己为终身议员?假如他们被给予全部立法权,他们将在宪法上有能力去这么做。假如从他们那里收回部分立法权,那么这部分权力给谁?应由人民保留并在主要集会上表示赞成或异议吗?密尔先生自己告诉我们，社会只有集会时才能行动，而集会时却没有能力行动。也许是否可像美洲的共和国那样规定，未经大会同意不得修改任何根本性法律（该大会就是特别为此目的选出的）？但困难仍然会再出现：为什么这些大会成员不会像普通立法机构成员那样背叛民众的信任？作为私人时，他们可能曾对社会利益充满热情。作为候选人时，他们可能曾承诺自己献身宪法事业；然而一旦与人民分离组成大会，一旦手中被赋予最高权力时，就开始产生与社会利益对立的个人利益，按照密尔先生的说法，这必然导致违反社会利益的措施。因此，我们必须寻找其他一些制约的方式来制约为实现制约而设立的这项制约；就像寻找其他支柱来背一只乌龟，这只乌龟背着大象，而大象则背着整个世界。

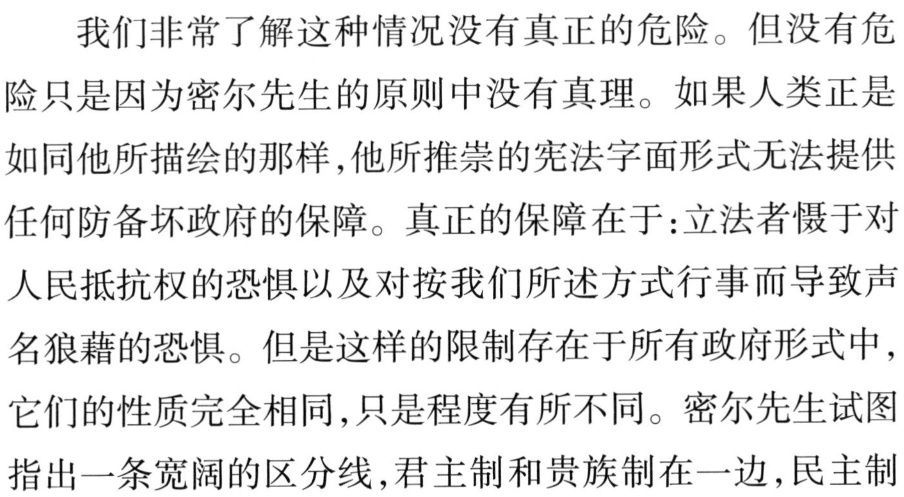

我们非常了解这种情况没有真正的危险。但没有危险只是因为密尔先生的原则中没有真理。如果人类正是如同他所描绘的那样，他所推崇的宪法字面形式无法提供任何防备坏政府的保障。真正的保障在于：立法者慑于对人民抵抗权的恐惧以及对按我们所述方式行事而导致声名狼藉的恐惧。但是这样的限制存在于所有政府形式中，它们的性质完全相同，只是程度有所不同。密尔先生试图指出一条宽阔的区分线，君主制和贵族制在一边，民主制在另一边，这条线事实上并不存在。在任何政府形式中，人民与他们统治者的利益都不会绝对一致。在所有政府形式中，统治者都对人民有相当畏惧。惧怕抵抗以及耻辱感都在一定程度上影响最专制的君主以及最不开明的寡头。除了惧怕抵抗以及耻辱感之外，没有什么能保护最民主的社会的自由不被每年或每两年选出的代表侵蚀。

我们已看到密尔先生建议如何使代表机构的利益与选举机构的利益一致。接下来的问题是：通过何种方式能使选举机构的利益与社会的利益一致。密尔先生表示：社会中的少数人，即使他们由数千人组成，只会成为一个坏的选举机构，并且实际上是一个人数众多的贵族制。

密尔先生说："在所有选举机构利益与社会利益不一致的情况下，代议制的优势就丧失了。非常明显，假如一个社会本身是选举机构，那么社会利益与选举机构的利益将是一样的。"

基于这些理由，密尔先生建议所有达到成熟年龄的男性、贫人和富人、受过教育的和愚昧无知的，都应有投票权。但为什么女人没有呢？这个问题经常在议会辩论中被问及，而且据我们所知，从未获得合理的答案。密尔先生尽可能快地逃避了这个问题。但请允许我们冒昧地对权威的话语作一点详细阐述。密尔先生说："有一点非常清楚:所有那些个人利益无疑包含于其他人利益中的人,可以很方便剔除。……从这个角度看待女人,几乎所有女人的利益都包含于他们的父亲或丈夫的利益之中。”

如果我们满足于国王的利益包含于社会利益中的这种说法,作为回应密尔先生文章中所有的论点,我们理应被指责为胡说八道。但是我们认为,这样的主张也不比密尔先生这里敢于作出的主张更不合理。密尔先生没有举出一个事实,也没有费力用一个诡辩使问题变得复杂,他平静而武断地排除了人类中一半人的利益。如果说历史还有一句真话,那便是在地球的大部分地方,女性总是而且仍旧是卑微的伴侣、玩物、俘虏、仆人、役畜。除了在少数一些幸福并且高度文明的社会之外,女性完全处于个人奴隶的状态。即使在一些他们最被善待的国家,在几乎所有与她们有深刻利益关系的核心问题上,法律在总体上也不利于她们。

密尔先生不是在为英国或美国,而是在为人类立法。那么一个土耳其人的利益与组成他后宫的那些女孩的利益相同吗?一个中国人的利益与他利用其来耕地的女人的利益一样吗?一个意大利人的利益与被他献给神的女儿的利益一样吗?一个体面的英国人的利益也许可以(并无任何不适当地)说和他妻子的利益一致。但为什么会这样呢？因为人性并不像密尔先生想象的那样；因为文明人在群居状态中追求自己的幸福，而非为腐肉而斗争的野蛮人；因为在被爱与被尊敬中有快乐，就像在使人畏惧与卑屈顺从中也有快乐。为什么一位绅士不会将妻子的生活费限制在法律迫使他给予的基本水平，从而能有更多花费在他个人乐趣上？因为假如他爱她，就会因看到她快乐而快乐；也因为即使他厌恶她，他也不愿意整个街坊都指责他的吝啬和不良本性。为什么全部由男性组成的立法机构不通过一项法令剥夺女性的任何一切公民权利并使她们陷入奴隶状态？通过这样的法律，他们将满足密尔先生所告诉我们的：渴望拥有能对他人施加痛苦的无限权力，是人性中不可分割的一部分。虽然他们有权力通过，他们却没有通过这样的法律，而且在英国也没有任何一位男性希望看到这样的法律通过，这就证明了渴望拥有施加痛苦的无限权力并非与人性不可分割。

如果说在这个国家的两性之间有什么共同利益的话，那不可能来自任何其他东西，除了来自被爱的快乐以及交流的幸福。因为这不仅仅源于性的本能，妇女在世界大部分地区经历的待遇已经充分证明了这一点。而且假如说我们的婚姻法律导致这些现象产生，那就更进一步排除了争论，因为那些法律是由男性制定的。既然这个物种中的一半人的友善感情成为另一半人幸福的充分保障，为何一个君王或贵族的友善感情不足以至少防止他们极尽权力碾碎人民？

如果密尔先生考察为什么妇女在英国比在波斯得到更好的对待，他可能就会在探究的过程中发现，为什么丹麦人比卡里古拉皇帝的臣民得到更好的治理。

现在我们来到整篇文章里最重要的实际问题。所有达到责任年龄的男性都可以选举代表，这是否是可取的？或者是否应要求与金钱相关的资格条件？密尔先生的看法是，资格条件越低越好，而最好的制度则没有任何资格条件。

> “资格条件”，他说：“要么包括人口中的大多数，要么少于大多数。首先假设包括大多数人，那么问题在于：大多数人会不会想要压迫那些在这个假定情况中被剥夺政治权利的人？如果我们将估算缩小至组成这些大多数人的个体要素，就会看到他们得来的这种令人愤慨的利益，虽然多少有一些但并不会非常大。假如这些大多数人被算作统治机构，他们中的每个人的所得利益必然少于压迫单个人获得的利益。假如大多数

人的数量是少数人的两倍,大多数人中的每个人只能获得压迫单个人所得利益的一半。在这种情况下,可以预期良好政府积累的所有好处将超过这个选举机构中几个成员通过不当治理为自身谋取的特殊利益。良好政府因而将获得可以接受的保障。其次,假如资格条件不允许选举机构庞大到可以成为大多数,在这种情况下,仍然采用要素估算,我们会看到每个人获得的利益相当于压迫超过单个人所得的利益,而且组成选举机构的成员越少,选举机构通过不当治理获得的利益将成比例增加,坏政府就得到了保障。"

关于这个论点,我们必须作的第一个评论是:根据密尔先生自己的解释,即使一个人人都能投票的政府仍有缺陷。因为在普选制下,由多数选民选出代表,并由多数代表制定法律。因此所有人都可以投票,但只由多数人统治。因此,密尔先生自己承认,可以想象出的最完美的政府制度是:在这个政府制度中统治团体想压迫的兴趣虽然不大,但多少仍有一些。

但密尔先生说这种兴趣不会很大,这是否正确呢?我们认为不是。的确,如果社会中每个人都平等地拥有密尔先生所称的欲望之物的份额,那大多数人很可能会放弃掠夺少数人。因为数量很大的少数人会进行剧烈抵抗,而数量很小的少数人的财产则不值得其他社会成员费力瓜分。但在所有文明社会都出现数量很小的少数富人和绝大多数穷人。假如一千人中,每人有十英镑,那么对九百九十人而言,不值得去抢十英镑;而其中的六百人试图去抢四百人也很鲁莽。但假如他们中的十个人,每人有十万英镑,情况就非常不同。因为能得到的很多,而且没有什么可惧的。

“一个人渴望使另一个人及其财产从属于自己的快乐,即使这可能导致他人痛苦或丧失快乐”,按密尔先生所说,“这正是设立政府的基础”。少数富人的财产会被用来促进大多数穷人的快乐,这几乎是不能否认的。但密尔先生却建议给予大多数穷人统治少数富人的权力。是否可以质疑,基于他自己的原则,这样的安排会导致什么?

可能有人会说,从长远看,财产应受到保护是为了民众的利益,因此他们应该尊重财产。我们如此回应:不能假装掠夺富人不是为了民众的当前利益。因此,即使相当确定从长远看,民众作为一个群体会因为这样做而受损,但对遥远恶果的恐惧未必会战胜对当前所获之物的渴望。每个个体都可能自命不凡,认为惩罚不会落到自己身上。

密尔先生自己在他的“法理学”文章中告诉我们，任何数量的遥远且不确定的恶果都不足以防止犯罪。

但我们并不倾向认为，掠夺富人总体上符合大多数人的利益。如果是这样的话，功利主义者将会说，富人应该被掠夺。我们否认这样的推论。因为首先，假如政府的目的在于最大多数人的最大幸福，那么就应考虑一项措施可能造成的痛苦的强度以及受苦人数。其次，我们必须注意密尔先生完全忽略的一项最重要的区别。在整篇文章中，他将社会与物种混淆。他谈到最大多数的最大幸福，但是当我们审查他的推理时，发现他想到的只是一代人中的最大多数。

因此，即使我们承认所有这些论述——我们已经揭穿其中的谬论——都无可争辩，我们仍然可以否认这位作者得出的结论。即使我们同意他已发现对目前生活在地表上的大多数人来说是最好的政府形式，我们仍然始终如一地主张这种政府形式对人类有害。密尔先生仍有责任证明每一代人的利益与所有后代的利益一致，而我们无法想象他如何能基于自己的原则做到这一点。

这种情况其实与贵族政府的情况完全类似。密尔先生说，在贵族政体中，被授予政府权力的少数人可以从人民那里夺取他们的欲望之物。通过同样方式，每一代人也会依次以牺牲子孙后代为代价满足自己——在后一种情况中因时间优先而得到的优势，完全相当于在前一种情况中贵族凭借优越的社会地位得到的优势。按照密尔先生所说，贵族会滥用他的优势是明确的事实，那是否同样确定全体民众也会这么做？——假如他们拥有权力，将对人类财产进行各种浪费，将贫瘠荒凉传给子孙后代。

任何相信密尔先生学说的人怎么可能怀疑在他推崇的这种民主制下，富人会像在土耳其巴夏[①]治下那样遭到无情的掠夺？毫无疑问，为了下代人的利益，也是为了当代人的将来利益，财产都应被认为是神圣的。同样毫无疑问，为了下一任巴夏的利益，甚至为了现任巴夏的利益，如果他要长久在位，其管辖下的居民就应被鼓励积累财富。几乎没有专制君王曾大规模掠夺臣民而在统治终结前没有理由悔恨的。每个人都知道路易十四在走向生命终结时是多么悲惨地痛惜从前的奢侈挥霍。假如这位华丽的国王不曾花费数百万在马尔利宫和凡尔赛宫，不花费数千万扩大他孙子的权势，他就不会为了赡养自己一家的钱财，最终被迫向出身低微的放债者奴颜婢膝，在这些人面

① 巴夏是指奥斯曼帝国除了苏丹以外的最高行政长官，有时也泛指奥斯曼帝国的高级官吏。——译者

前低声下气——而在他得意的日子里对这些人不屑一顾。同样结果的例子很容易成倍增加。但我们看到,虽然历史和经验告诉专制者,过早索取大量财富实际上是在毁灭未来获得收益来源的谷种,但他们仍掠夺他们的臣民。那么我们为什么应该认为民众就会因为惧怕遥不可及的灾难(这些灾难可能只有在他们的孙辈时代才会充分感受到)而不敢去获得当前的救济和享受?

这些结论是完全根据密尔先生自己的原则得出,但与他自己根据这些原则得出的大多数结论不同,就我们所知,这些结论与事实并不矛盾。美国的例子在这里没有什么意义。在一个生活必需品便宜但劳动力工资高的国家,一个没有资本但四肢健全的人可以期待通过勤劳与节俭致富,穷人掠夺富人得到的即时利益并不十分划算,而且这么做的惩罚很快随着罪行而来。但是对于那些绝大多数人仅能糊口而巨额财富聚积于相对少数人手中的国家而言,情况就大大不同。在特定时期,当前的需要强烈迫切、难以抗拒。在我们的时代,它曾使人们硬下心无惧绞刑架,并驱使他们走到刺刀尖头。假如这些人可以自由支配几乎连绞刑架和刺刀都不能阻止他们的东西,还能期望什么呢?这种情况不仅只存在于坏政府中。如果说密尔先生所属的学派还有任何真理的话,那么人口的增加必然

会导致到处都是这种情况,良好并且花钱少的政府加速人口增长。因此,政府越好,不平等的情况就越严重;不平等的情况越严重,平民百姓就被越强烈的动机驱使去进行抢夺。至于美国,我们要请20世纪来决定。

几乎没有必要讨论全面抢夺富人会产生的后果。的确可能会出现这种情况:当被完全滥用的法律政治制度与财产制度不可分割地绑定在一起的时候,国家可能会因为一场将这两者一起毁灭的动乱而获益。代价是可怕的,但是如果当震荡结束,将会产生新秩序,财产在新秩序下获得保障,个人的勤劳将很快弥补毁坏。因此,我们对大革命是一件总体上对法国极其有益的事件不抱怀疑态度。但是,假如自1793年起她就由民主大会管治,法国会获得什么益处呢?如果密尔先生的原则是正确的,我们要说整个法国首都几乎在此时都已经毁灭了。当第一场爆炸开始被忘记,当财富重新开始生长,当穷人再一次开始将他们的村舍、蔬菜色拉和富人的公馆、盛宴相比,将会立刻开始另一场对财产的争夺、另一个顶点、另一场大充公、另一轮恐怖统治。每隔十年或十二年连续发生四五次这样的动乱,将使欧洲最繁荣的国家沦落至巴巴里或摩里亚半岛的境地。

世界的文明地区现在对来自野蛮国家的敌意已经没

有什么可畏惧的。野蛮的洪流曾席卷它，既破坏也施肥；在当前的人类境况下，我们享有避免这种灾难的全面保障。这野蛮的洪水不会再回来覆盖大地。但是在文明自身内部是否会产生毁灭自己的弊病？是否有可能建立起这样的制度，无需地震、饥荒、瘟疫、外来刀剑的帮助，就会废除许多时代以来智慧和荣耀的成果，并且逐渐彻底消除审美、文学、科学、贸易、工业等一切事物，除了那些维系动物般生活所必需的原始工艺？是否有可能在两三百年内，一些半裸的清瘦渔夫会与猫头鹰和狐狸一起分享最伟大的欧洲城市的废墟？——也许他们会在这些城市巨型码头的遗迹中清洗他们的渔网，并用宏伟教堂的柱顶建造他们的棚屋。如果密尔先生的原则是正确的，我们将毫不犹豫地说，他推荐的政府形式必将导致所有这些。但是假如他的原则是错的，假如我们反对它们的推理是合理的，那么中间及更高阶层应自然成为人类的代表。他们的利益也许在某些情况与更穷的同代人相反，但却与将来无数代后人的利益一致。

密尔先生通过回答经常用来反对普选方案的一个理由总结他的文章——即民众不了解他们自己的利益。我们本不应仔细研究他在这个问题上的论据，因为除非他已经证明尊重财产是为了民众的利益，否则他假设民众了解自身利益仅仅使这个问题变得更糟。但我们无法克制自己不让我们的读者品尝他美味可口的智慧佳肴，这被他保留到了最后一刻。

“中产阶层以下的民众，他们观点的形成受到既有才智且品德高尚的中产阶层影响，思想也受他们的指导。中产阶层与他们有最直接的接触，并且经常习惯与他们亲密联系。在他们无数的困难中，下层阶层都会到中产阶层那里寻求意见和帮助。不论健康或疾病、年幼或年老，他们都感到对中产阶层直接日常的依赖。他们的孩子将中产阶层视为仿效楷模，每日反复听取他们的意见，并将采纳他们的意见视为光荣。毫无疑问，中产阶层给予科学、艺术及立法本身最卓越的装饰，这些也是所有一切提升和完善人性的首要来源。假如代议制的基础扩张地非常大，无疑中产阶层将是社会中作出决定性意见的那部分人。中产阶层之下的绝大多数民众必将受他们的建议与榜样的指引。”

单是这一段就足以打乱密尔先生的理论。民众会违

背他们自身利益行事吗？或者中产阶层会违背自身利益行事吗？又或者中产阶层的利益与民众的利益一致吗？如果按照密尔先生所说，民众肯定会按照中产阶层的指引行动，那么这三个问题中必有一个必须得到肯定回答。但如果这三个问题中的任何一个得到肯定回答，密尔先生的整个体系就崩塌了。假如中产阶层的利益与民众一致，那么为什么政府权力不能委托给这个阶层？假如政府的权力委托给这个阶层，那么显然会出现财富贵族；而且按照密尔先生的说法："造成财富贵族，即使人数非常之多，但仍会使社会毫无保护，遭受无节制的权力带来的所有弊端"。诱使中产阶级滥用一种权力的同样动机难道不会引诱他们滥用另一种权力？如果他们的利益与民众一样，他们就会对民众进行良好管治；如果利益与民众相反，他们就会对民众作出不当建议。因此，按照密尔先生自己的解释，普选制只是一个手段，迂回在做对资格要求很高的代议制直接能做的事。

这篇著名的文章便这样结束了。而就是这个哲学，抛弃了三千年以来的经验；教授们谈起这个哲学就好像它指引世界走入航海知识和字母书写。似乎在它萌芽之前，欧洲居民生活在洞穴中并且人吃人。我们似乎像以色列的孩童，厌倦了传统正当的敬拜对象。我们渴望新的偶像崇拜。所有那些耗费巨大以及所有那些装饰智力的财宝都必须交出并投入熔炉——然后出现金牛犊![1]

我们的读者一定不会误解我们写这篇文章的目的。他们不会怀疑我们有任何支持专制君主制或任何狭义寡头制运动的倾向,或是夸大人民政府弊端的倾向。我们当前的目标并不在于攻击或辩护任何特定的政治制度,而是关于揭示某类推理的缺陷——完全不适合用来进行道德与政治的探讨。这类推理很容易会被谎言所用,因此不应得到任何同情,即使它偶尔也能为真理这一边所用。

我们从根本上反对密尔先生的文章。我们相信完全不可能从人性准则演绎出政府科学。

关于人性法则的命题有什么是绝对并且普遍正确的呢?我们知道只有一条,它不仅正确而且同一:即人们总是出于私利行事。功利主义者宣告这一不言而喻的道理,骄傲地就好像它是新的,热烈地就好像它非常重要。但事实上,当它被解释了以后,只不过意味着:如果能够的话,人们会按照自己的选择做事。当我们看到一个人的行为,

① 出自《圣经·旧约》《出埃及记》32章:以色列民众背离以色列的神耶和华,制造金牛犊作为偶像代之。——译者

我们确定地知道他认为自己的利益是什么，但却无法确定地从我们认为他的利益是什么来推断他的行为。一人不吃晚餐只为能在十万英镑上添加一先令；另一人背负债务只为召开舞会和假面戏剧。一人割破父亲的喉咙只为获得他的旧衣裳，另一人冒着生命危险救仇敌性命。一人自愿服务冒险事业，另一人因为懦弱而被军团开除。毫无疑问，这里的每个人都出于私利行事。但明白这一点我们却什么都没得到，除了增加无用文字带来的快乐——如果这是快乐的话。事实上，这个原则就像无论怎样都是如此的伟大真理一样深奥并且重要。如果一个哲学家总是用下面这种形式陈述事实："不论如何都有雷雨，因此有雷雨。"他的推理完全正确，但我们不认为它能实质上扩大人类的知识圈。当一个命题被诠释后，其意思仅指一个人宁愿做他愿意做的事，将重要性归于这样的命题同样是无益的。

人们总是出于私利行事，如果这一教义规定为任何其他含义——如果缩小"私利"这个词的意义，以致排除了任何一个有可能影响任何一个人的动机——这个命题便不再同一，但同时也就不再正确。

我们所说的"私利"一词可以适用于所有同义词和委婉说法，它们都被用来传达同样的意思：痛苦与快乐、幸福与悲惨、欲望之物等。

密尔先生文章的全部技巧在于一个手法敏捷的简单戏法。这个戏法在于使用词汇的时候，先用我们描述过的一个意思，然后再用另一个意思。人们，如果能够的话。会夺取欲望之物——这没有问题，但这是一个同一命题：因为欲望之物仅仅指一个人，如果他能够的话，将获得的东西。从这种格言中不可能推断出任何东西。当我们看到一个人拿走某样东西，我们知道那曾是他的欲望之物。但我们仍然无法确切判断他想要什么或他将拿走什么。然而，这个笼统的命题已被承认，密尔先生接着推断，就好像人们除了只能通过抢夺和压迫满足的欲望之外别无其他欲望。然后，从这独创的公理推断出其他具有巨大、重要意义的教义就开始变得容易。唯一的不幸是，通过缩小“欲望”这个词的含义，这个公理就变成错的，随之而来的所有教义同样是错的。

当我们超越这些格言——除非用自相矛盾的措辞才能否认这些格言，并且因此无法使我们在实际知识上前进一步——我们不相信可以单独制定一条关于影响人类行为动机的普遍规则。通过联系或比较，没有任何一样东西不能成为渴望或厌恶的对象。对死亡的恐惧被广泛地认为是我们最强烈的感情之一。这也是立法者能够发明的最可怕的制裁。然而正如培根勋爵所观察的，众所周知，没有一种激情不曾经常地战胜这种恐惧。肉体痛苦毫无疑问是坏事,但仍能常常被忍受,甚至受到欢迎。无数烈士在折磨中欢欣鼓舞,令旁观者战栗。再举一个更家常的例子:很少有妻子不渴望做母亲。

热爱他人的认可是否比热爱财富是一个更强的动机?即使对于我们非常亲密的人,这个问题也不可能泛泛而答。我们的确经常说,一个人爱名利胜过爱钱财或者爱钱财胜过爱名利。但这只是在通俗宽泛的意义上讲的,因为几乎没有经济拮据的人会因为无法忍受一些嘲笑而放弃一大笔钱;而另一方面,也几乎没有处于兴盛状态的人会愿意因琐事而使自己遭受公众的憎恨和鄙视。因此,即使要回复关于单个人的精确答案,我们必须知道他需要牺牲的名誉和被给予的金钱利益有多少,以及向他提出诱惑时他处于什么情况。但是,当笼统提出关于整个物种的问题时,就很明显无法回答了。人与人不同,一代与一代不同,国家与国家不同;教育、社会地位、性别、年龄、偶尔的联结,都会产生无穷的各种变化。

目前,我们能想到的可从人性准则演绎出政府理论的唯一模式是这样的:我们必须发现在某个特定政府形式中,什么动机促使统治者采取坏的措施,什么动机促使他们采取好的措施。然后我们必须比较这两类动机的效果,

当我们发现何者占优势时，就应该相应宣布现在讨论中的这种政府形式是好还是坏。

现在假设在君主制与贵族制国家，对财富以及对其他同类事物的渴望总是趋向产生恶政，而对认可的热爱和其他类似情感总是趋向产生良好政府。假如不能在大体上断言这两组动机中的哪一个更有影响（我们已表明这是不可能的），那么就不可能发现一个关于君主制或贵族制政府好坏与否的先验。

密尔先生回避了进行比较的困难，通过推理非常冷静地将所有砝码都放在天平的一侧。他进行的推理，仿佛人们从来都没有与他人情感的共鸣，不因他人的感激而满足，也不因他人的憎恶而烦恼。

我们提出的论据明确反对密尔先生，但我们却是以太过有利于他的方式提出。君主对财富的热爱总是导致恶政，而对认可的热爱则导致良好政府——事实上不可能将这点设立为一条普遍规则。例如，一个有耐心并有远见的统治者，较少想要立即收集巨额财富，反而更想保障不受阻碍且稳步发展的国家收入，他将通过取消贸易限制以及完全保障财产来鼓励积累和吸引外国资本。普鲁士的商业政策可能比大西洋另一边的任何一个兄弟共和国都更胜一筹，这样的政策很可能源于一个专制统治者想使自己富有的渴望。另一方面，当大众对美德与恶行的看法是错误的（经常有这种情况），对认可的热爱导致君主将国家财富花在无用的秀场上或者从事肆意的毁灭性战争。既然我们无法比较两种动机的强度，也无法确定查明每一个动机将导致什么类型的行为，我们如何能从人性中演绎出一种政府理论？

那么在这样一个对人类幸福如此重要的问题上，我们如何得出合理的结论？当然必须通过这样的方法——每个已应用这个方法的实验科学，都已显著增进了我们人类的能力与知识；必须通过这样的方法——我们的新哲学家将用这个方法取代狡辩，而中世纪粗野无识的辩手们根本不配使用这个方法；即通过归纳法，通过观察世界现状，通过刻苦学习过去时代的历史，通过细查事实的证据，通过细心收集并对比真实的事物，通过富有判断又谦虚的概括，通过持续地把我们已构建的理论带到新的事实前进行检验，通过更正或完全抛弃这个理论，根据这些新事实证明它部分或根本错误。这样耐心、勤奋、坦率地继续进行下去，我们也许可以期待建立一种制度，远不如我们已考察过的那种制度那样自负，但在实际效用上却远胜之，就像一个伟大医师的药方，能够随着每种疾病的每个阶段以及每个病人的体质而变化，远胜过打广告的江湖医生的药片，他们的

药片号称能医治所有气候下所有人的所有病症。

这才是高贵的政治科学，与功利主义诡辩者的贫瘠理论就像离雕虫小技一样相去甚远，后者常被那些在阴谋、投机与官方礼节的习惯中变得头脑狭隘的人误认为是政治才能。在所有科学中，政治科学对国家福祉最为重要，最趋向于扩展与激发智力。政治科学从哲学与文学的每个部门吸收养分和装饰，也转而提供养分和修饰给所有部门。当我们看到具有良好意图与卓越天生才能的人放弃这种健康又丰富的研究，而去研读那些我们已经考察过的猜想时，我们感到遗憾与惊讶。如果看到我们的评论能使任何这类人将才能和勤勉用在真正实用的研究上，我们将非常高兴。目前，这些才能和勤勉被浪费在口头诡辩上，是不幸之中最不幸的。

至于这个学派中的大多数，我们理解，不论他们学习什么或师从何人都无关紧要。如果他们能够继续旧共和主义者的空话，慷慨宣讲布鲁图斯（Lucius Junius Brutus）[①]或提莫莱昂（Timoleon）[②]杀死暴君的责任以及

① 鲁基乌斯·尤尼乌斯·布鲁图斯，于公元前509年领导人民起义，推翻了当时罗马暴君塔克文，建立罗马共和国，担任第一任执政官。——译者

② 提莫莱昂，公元前4世纪的希腊政治家和将军。当他的兄弟提摩弗尼斯（Timophanes）成为独裁者，他领导民众大义灭亲，他的母亲从此与他不再见面。——译者

为民主而死的福音，肯定会更加有趣而且更受尊敬。但总体上，他们可能已经选择了更糟的。他们不成为功利主义者，也会成为骗子或花花公子。而且成天争论私利和动机、欲望之物以及最大多数人的最大幸福，虽然对一个成年人来说仅仅是份可怜的工作，但却不比酗酒伤身，也不比豪赌伤财；不比骨相学更可笑，却远比斗鸡人道得多。

对麦考利的回应

节选自《麦金托什片论》(1835)

[英]詹姆斯·密尔　著

詹姆斯·麦金托什爵士对本人的《论政府》发表了他这样的高见：

> “比如，密尔先生的全部政府理论源于一个单一事实，即每个人都追求他们所知的自身利益。假如这样的短语不相互矛盾的话，他认为这是一种不证自明的实际原则。一个人追求另一个人的利益或事实上其他任何类似对象，这与他会追求自身利益是同样可以想象的——这个命题似乎从未出现在这位敏锐且有独创性的作家的头脑里。然而，没有什么比这个命题的真实性更确定，假如‘利益’这个词在总体幸福的合理意义内使用，只有在这个字义里才能满足他论述的

> 目的。假如这个词确实被用来表示一个主要欲望获得满足，那么他的命题便是不证自明的，但对他的论点却完全不适用。因为显然个体与群众想要的常常是他们知道与全体福祉最不符的东西。国家与个人一样，有时更甚于个人，不仅会误解自身利益，而且即使清楚意识自身利益，也可能宁愿选择满足自己的激情。单凭这项观察似乎便能推翻他政治推理的整个结构；而且不必试着通过利益竞争这个简单原则来解释无限多样的政治现实，我们只需要再次将它们归因于各种激情、习惯、观点和偏见，而这些我们只能通过经验来发现。”

詹姆斯爵士还在按语里说：“最近另外一位批评密尔先生文章的作者也采用了同样的推理模式——见《爱丁堡评论》1829 年 3 月第 97 期。”这很省事，因为对詹姆斯爵士的答复，也同样达到了答复《爱丁堡评论》的目的。[①]

就本质而言，这里对密尔先生的所有指控是：人们的

① 此处，密尔指的是托马斯·巴宾顿·麦考利所著的“密尔论政府”，发表在 1829 年 3 月的《爱丁堡评论》上；本书收录了这篇文章。——编者

行为不总是符合他们的真正利益，有时会误解他们的利益，有时会被激情驱使而不顾自身利益。按照詹姆斯爵士的说法，“最近《爱丁堡评论》上的这篇批评文章的作者”称这一点“推翻了密尔先生政治推理的整个结构”。密尔先生的“政治推理”与这一点完全不符合。我们对詹姆斯爵士已有足够经验，对他会犯如此微不足道的错误并不惊讶。但至于密尔先生，他的辩护是完整的，除非我现在所作的主张被成功反驳。

然而，詹姆斯爵士这里的措辞却令人好奇。他说：人们有时候行事不是直接为了他们自己的利益，这个事实从来没有作为一件可能的事出现在密尔先生的头脑里。当詹姆斯爵士作出这个断言时，是否指望有任何人会相信他？

靠问题的核心更近一点：密尔先生是否有任何一个命题暗示了对这个事实的无知？或者他的一个结论因不注意这个事实而无效？

对密尔先生来说，鉴于他认为关于政府的原则就是关于人们如何被统治的原则，而人们如何被统治的原则就是指他们的行动被什么原则决定，他不仅必须而且必不可少地要追问自己：在一个人心中，什么对决定他的行为有主要影响？密尔先生的回答是：“这个人对自身利益的看法”。詹姆斯爵士是否能回复任何其他答案？詹姆士爵士回避讲这点，但他却大声谴责密尔先生的回答。

我完全无意与詹姆斯爵士争议“利益”一词的意义。对任何读过密尔先生论文的人来说，他在何种意义上使用这个词是十分明显的：它既不是指对一个人的最佳利益——或者总体上最有助于他幸福的东西——的精确理解，也不意味着是他想要的每一个对象——虽然这也是一个很容易理解的意思。密尔先生是在粗略普遍的意义上用这个词来表示人类欲望最主要的对象：财富、权力、尊严、舒适，包括逃避与这些相反的对象：贫穷、无能、落魄、劳苦。

我认为没有人，至少现在活着的人，会质疑这一点，即总体上人们的大部分行为决定于对这些对象的考虑。我认为这点也很少被质疑，即讨论社会上管治民众的最好方式时，应是哲学家和立法者（不知詹姆斯爵士是以什么头衔干涉这两者的职责？）的职责去考虑人性更普遍的法则，而非例外情况。詹姆斯爵士讨论的方向（除了方向你很少能了解到其他什么）是建议主要关注例外情况。至少，他关于密尔先生的全部不满都在于他没有将注意力限定在例外情况。

虽然詹姆斯爵士没有属于他自己的思想来纠正自己，

但可以从他据说非常好的记忆中(即对词汇和日期的好记忆——可能这已足够而不必延伸至思想)获知密尔先生在这个问题上——即使是错误的——有好盟友。

贝克莱主教说:“自爱是所有其他原则中最有普遍性也是在我们心中铭刻最深的原则。我们很自然将事物看作会增加或损害我们自己幸福的东西;并且我们相应地称它们为善或恶”[1],这是个非常全面的决定;善与恶的意义正是从自私自利而来。

下面来自大卫·休谟的引文具有更重要的意义;因为他教导了对同一个普遍性法则的同样适用,密尔先生正是因为将这个法则详细运用而被指责——他对人性中最声名狼藉的事实表现出的无知,以及同时对正确的哲学思考模式的无知。

> “许多政论家已将下述主张定为一条格言:在设计任何政府体制和确定该体制中的若干制约、监控机构时,必须把每个成员都设想为无赖之徒,并设想他的一切作为都是为了谋求私利,别无其他目标。我们必须利用这种个人利益来

① 《贝克莱文集》(*Berkeley's Works*),四开本版,第二卷,第7页。

控制他，并使他与公益合作，尽管他本来贪得无厌、野心很大。不这样的话，他们就会说，夸耀任何政府体制的优越性都会成为无益空谈，而且最终会发现我们的自由或财产除了依靠统治者的善心，别无保障，也就意味着根本没有什么保障。

因此，必须把每个人都设想为无赖之徒，确实是条正确的政治格言。虽然，这同时看来有些奇怪：箴言在政治上是真理，在现实中则是谬论。为了解答这个问题，我们可以认为：人们通常在其个人活动中比在社会活动中更为诚实，他们在为党派服务时比处理仅与个人利益相关的事务可以走得更远。荣誉对人类有很大的制约作用，但当一大群人聚合行事时，这种制约在很大程度上就被排除了，因为一个人如果增进了党派的共同利益，肯定会得到该党的赞许，而他自己很快就会不在乎反对者的喧嚷。对此我们还可以补充一点：每个议会或议院的事都是由多数人发言决定的；因此，尽管只有多数人受到自我利益的影响（情况经常如是），但整个议院便会受这种利益的诱惑，办起事来便好像院中没有一个成员是关心公益和自由的。因此，当有人提出任何政府

设计方案,不论是实际的还是虚构的方案,供我们审查,而其中权力由几个机构和几个等级的人们所掌握,我们就应当经常考虑各个机构、各个等级的利益。如果我们发现通过巧妙的分权,在执行时,这种利益必然和公共利益协调一致,那么就可以宣布这种政府组织是明智的、可喜的。如果情况与此相反,各机构、各等级的各自利益不受制约,不是朝着为公的方向,对于这种政府我们所能期望的只有分裂、混乱和暴虐。我的这个看法既为经验所证实,也为古今所有哲学家和政治家的权威所肯定。”①

詹姆斯爵士是否认为这是笛卡尔主义者错误的一个例子?他是否谴责休谟先生?因为他的“全部政府理论源于一个单一事实,即每个人都追求他们所知的自身利益。他认为这是一种不证自明的实际原则,假如这样的短语不相互矛盾的话”。

一位古代的戏剧作家曾充分表达了人类这一共同

① 大卫·休谟(David Hume),《论议会的独立性》(*Essay on the Independency of Parliament*)。该段译文引自张若衡译,《休谟政治论文选》,商务印书馆 1993 年版。——译者

经验：

> “常言道：人人都希望自己幸福，而不希望别人交鸿运。这话说得对。”
>
> ——泰伦提乌斯著《安德罗斯女子》第二幕第 5 场[①]

接下来的引文我认为很重要；不仅因为作者享有的声誉——他被称为务实之人，也因为他以引人注目的方式表达和运用的事实，正是我们为防范詹姆斯爵士的颠倒是非而必须捍卫的。

> “造物主不仅是无限力量和智慧的存在，也是无限良善的存在，他如此乐意设计人性的构造和体系，使我们不需要其他激励物去探究与追寻正当规则，而只需要我们自己的自爱作为行动的普遍原则。因为他使永恒正义的法则与每个人的幸福如此紧密地联系、如此不可分割地互相交织，必须遵守前者才能获得后者；一旦按时遵守

① 引自王焕生译，《安德罗斯女子》，载《古罗马戏剧选》，杨宪益等译，人民文学出版社 2000 年版。——译者

前者，就不会不产生后者。由于将正义与人类幸福相互联结，造物主并未用众多抽象的规则和告诫将自然法则复杂化，正如一些人已严肃推测的，只涉及事物的合理或不合理。造物主只是充满恩典地将我们遵守的规则简化为这样一条慈父般的告诫：'人们应当追求他自己的幸福。'这正是我们所称的道德伦理或自然法的基础。它分解成我们制度里的几项条文，仅仅在于展示这种或那种行为趋向人的真正幸福，因此非常合理地得出结论：做这样的行为是自然法则的一部分；或另一方面，这样或那样的行为会破坏个人幸福，因此自然法则禁止这么做。这条自然法则，与人类同龄、由神自己支配，当然在义务上高于其他任何法则；它在所有时代、在所有国家，对全世界都有约束力。与之矛盾的人类法律都没有任何效力；而那些有效法律的所有效力和权威都间接或直接源自这条原始的法则。”①

在布莱克斯通的观点中：自爱不仅是**普遍的行为准**

① 布莱克斯通，《英国法释义》，导论第2章。

则，而且作为这一点的必然结果，它是道德义务的唯一准则。假如政府理论不是建立在普遍的行为准则之上，那么我想知道詹姆斯爵士将它置于什么基础之上。

詹姆斯爵士本可以明智地观察到布莱克斯通所说的关于自然法则以及人类法则的权威是什么：即自然法则掌管对人类幸福有利的，阻止对人类幸福不利的。而任何违反这条自然法则的人类法则都无效。詹姆斯爵士难道没有想过这使功利原则有相当广泛的运用吗？

密尔先生继续根据上述似乎相当确定（尽管与詹姆斯爵士矛盾）的理由推断：假如通过任何设计，可使统治者的利益与那些服从统治的人的利益相符，那我们就有了人性能提供的最好保障，即统治者会持续追求社会利益，因为我们保障了他们自己的利益。虽然在群体中间可能确实存在某些并不惯常受自身利益支配的个人，然而确实如休谟所说，可以肯定，人类的所有群体无不由利益原则所指引。

那些考察最佳政府形式的人都必须在这个基础之上进行，这是密尔先生论文中最重要的立场。它的真实性不证自明，但詹姆斯爵士嘲笑这种必要性，为适当曝光他的无知与傲慢，提及某些专门有机会讲授它的人可能是有帮助的。

柏拉图的整部《理想国》可被视为是对密尔先生所用原则的发展，其中许多部分是巧妙的发展，即统治者与被统治者利益的一致提供了良好政府的唯一保障。在第三卷里，在对统治者（他称为护卫者）应具备的品质进行长篇精彩的演绎后，用几个引人注目的措辞表明了结论，结论的意思是：选出的护卫者应具备三项伟大品质：与他们的责任相适的智慧，与他们的责任相适的能力，以及最为重要的——对社会利益的关心。当一个人的利益与他人利益都被同样的事件促进时，最能保证一个人关心他人的利益超过自己的利益；因为当任何人预期每次他人幸福的增加都伴随着自己幸福同样的增加，他就会像追求自己幸福那样持久不变地追求他人幸福。

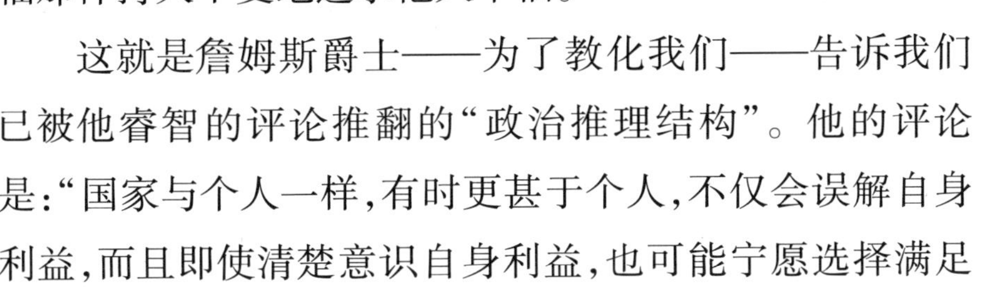

这就是詹姆斯爵士——为了教化我们——告诉我们已被他睿智的评论推翻的“政治推理结构”。他的评论是：“国家与个人一样，有时更甚于个人，不仅会误解自身利益，而且即使清楚意识自身利益，也可能宁愿选择满足自己的激情。”

根据他合乎逻辑的头脑，是否由此得出：因为一个国家有时候可能会弄错自己的真正利益，所以良好政府的最好保障不在于使统治者与国家利益实现一致？

伯克先生说：“对任何一个人来说，他安全的保障不是别的，而是所有人的共同利益。”①

柏拉图认为：如果与被统治者利益不一致，统治者就成为狼群及掠夺者而不是羊群的监护人。

[接下来是柏拉图《理想国》卷三及卷五的两段希腊文长篇节选。鉴于密尔接着继续意译了它们的意思，就删除了这两段引文。——编者注]

本人不敢试图翻译这段话，将努力简短地表达它的意思："在一个社会中，没有什么比闹分裂并使社会化一为多更恶的；也没有什么比使社会合一而非分裂更善的。实现这种团结的方式，是通过这样管理社会的组成部分：导致一个人或少部人快乐或痛苦的原因，也应对所有人或尽可能多的人同样如此。与之相反，当利益分裂，从同样的政治事件中，社会一部分人获得快乐而另一部分人则痛苦，不可避免的结果是，这种状态将导致国家解体。”②

---

① 《致布里斯托城行政司法长官书》，四开本版，《柏克论文选》卷2，第112页。——编者。[引自缪哲译，《美洲三书》，商务印书馆2003年版。——译者]

② 有关柏拉图《理想国》引文的部分用语，参考了郭斌和、张竹明译，《理想国》，商务印书馆2002年版。——译者

在一个人可怜的异议中，发现自己必须证实一个自古以来的智慧是令人难堪的。他发现这个智慧在某些他不喜欢的方面陈述出来——即与社会利益一致是社会能有的使统治者行为良好的最佳保障，他宣布了一个与这个问题无关的命题，并大叫："看！我已经推翻了你的最佳保障：人们有时候会弄错他们的真正利益，所以统治者利益与社会利益的一致并非照顾社会利益的最佳保障。"

推理得好！岂不是还应得出一个更好的相关结论说，既然个人有时会弄错他们的真正利益，所以没有人应管理自己的事务，每个人都应去管理别人的事务？

柏拉图如此清楚地看到护卫者的利益与被护卫者利益一致的必要性，将他所有锐利的思考能力，致力于发现实现这种一致的方式。但就像所有古人一样，他不了解神圣的代表原则，不得不依赖不同寻常的方式。首先，他规定了非常矫揉造作的护国者阶层的教育制度。这个如此谨慎的制度，启动如此早并且持续如此久，是为了使他们成为与普通类别的凡人非常不同的一种人，简而言之，即哲学家。柏拉图确定了这样一条普遍真理：除非哲学家是统治者或者统治者是哲学家，否则国家不会幸福。其实，为防止存在阻碍社会利益的任何私人利益，护卫者（他没有提到其余的人，这是一个世俗错误）不应拥有任何属于他们个人的东西，甚至不能有妻儿，他认为这是有必要的。这种为达到护卫者利益与被护卫者利益一致的制度方式是良好的监护所依赖的，却成为许多无知讥笑的对象。但是如果排除柏拉图所不知道的代表原则，并不容易找到另一种手段的组合，更适宜实现这个目的；而且这一目的无疑具有充分的重要性，假如无法找到其他更简便的方式，使用最不同寻常的方式是适宜的。此外，实际上在柏拉图眼前，在斯巴达也有与他建议的方式几乎一样不同寻常的例子。而且现代欧洲居民在整套修道院体系内也有某些更为不同寻常的例子，尤其是耶稣会士。

当亚里士多德在最全面的意义上讨论这些目的（τελη）时，以他的风格，他以一种更抽象的方式确立了同样的学说。

色诺芬著作中也有许多部分对这个问题有极其优美和详细的说明。这是他两部最精巧、最有启发的作品的重要主题，即《普鲁士的教育》和《经济论》；并在《回忆苏格拉底》的一些对话里被很有力地提及。

有必要看到，密尔先生将他的探究限定于政府的一个部门。他唯一尝试的事情是，证明通过何种方式能够实现良好立法。没有及时看穿像詹姆斯爵士这样的人的智力，密尔先生无疑认为这点是理所当然的：即为实现良好立法的目的，有必要在社会和他们委予立法权的人之间建立一致的利益。

接下来，他发现产生真正代表——一群人民选出的真正而非虚假的代表——的方式，也恰恰同样能够最愉快，事实上是最好地产生一致的利益，这是良好立法所依赖的。如果代议制未达到这种完全的一致，与之完全成比例的就无法产生良好立法的效果。难怪被允许统治却没有这样一致利益（换句话说就是管治不善）的阶级听到这样的学说十分愤怒；而且那些追求他们欢心的人热衷于通过辱骂这个学说及其作者使自己出名。

查看英国过去 50 年表达贵族意见以及拥护贵族利益的媒介，将发现关于利益一致的必要性受到了多么坚定的谴责。也将发现，坚持这种重要性的人被倾注了多大的愤怒。不信任公务人员——这是对他们的控诉。不信任公务人员，是要求他们的利益与被他们统治的人的利益一致的另一种说法。而信任本身则是恶政范围的另一种说法。《胡迪布拉斯》（*Hudibras*）的作者[①]说得好：无赖之徒所有的需要只是被信任，在此之后，他就自行其是了。在那些

① 长诗《胡迪布拉斯》是英国作家萨缪尔·巴特勒（1612—1680）模仿英雄史诗的讽刺作品。——译者

大声呼唤信任公务人员却尽情侮辱那些追求利益一致的人中，詹姆斯爵士位列第一。

詹姆斯先生展现他博学的话可为读者提供一些消遣。但这工作过于庞大，我只能注意其中一两项说法，它们似乎包含了某些新的谴责。

詹姆斯爵士给我们提供了关于两件事的看法。他说其中一件是对的，另外一件则是错的，并将这错误归咎于密尔先生。但是密尔先生与这两件事都无关系。詹姆斯爵士说是错的事可能是错的也可能是对的，他说对的事可能是对的也可能是错的，但不论哪种情况，密尔先生的论证都不受影响。

他说：通过利益竞争这一简单元素试图解释无限多样的政治现实是错的。

为了取悦詹姆斯爵士，就算这是对的，但密尔先生根本没有试图解释无限多样的政治现实。密尔先生试图做的只是展示一个社会如何可以获得良好立法的最佳保障，即通过他所说的尽可能在立法者与社会之间建立一致的利益。

詹姆斯爵士是否对这个立场提出异议呢？

我们已经看到詹姆斯爵士说的错误的事，他说的正确的事是将无限多样的政治现实（当然是所有历史现实），归因于各种激情、习惯、观点和偏见，我们只能通过经验来发现。即使詹姆斯爵士认为自己的列举远超过了密尔先生，但绝对不完整。比如，詹姆斯爵士未将理性包括在能够解释历史事实的人性准则中。与之相反，我认为而且也不怀疑密尔先生与我一样，为了解释历史事实的“无限多样”，必须考虑到全部人性。

但在“解释无限多样的历史现实时应考虑到全部人性”这个命题与另一个命题“良好政府的最好保障在于统治者与被统治者利益一致”之间，詹姆斯爵士是否察觉到任何矛盾？

近来欧洲公众非常忙于讨论英国自然科学没落的现象及思考其原因。然而，道德哲学退化的状态才是更可悲的事。在我们这方面可悲的状况中，詹姆斯爵士的著作是一个里程碑。任何像这本书这样有辱英国文学的东西，被允许在最高等的学科以最高荣誉自居，这在英国历史上是第一次。

所以，詹姆斯爵士举出用来证明功利主义拥护者用错误的方式进行哲学探究的第一个例子，结果成为证明他们用正确的方式进行哲学探讨的例子……

附录一　詹姆斯·密尔生平年表

1773 年

出生于苏格兰福法尔郡(Forfarshire)的诺斯沃特布里奇(Northwater Bridge)。

1775 年

美国革命爆发。

1789 年

法国大革命爆发。

1790 年

入读爱丁堡大学。

1793 年

英法战争爆发。

1798 年

获得传教资格。

1800 年

联合法案(*Act of Union*)通过,成立大不列颠及爱尔兰联合王国。

1802 年

迁居伦敦；《反雅各宾评论》(*Anti-Jacobin Review*)及其他期刊撰稿人；《文艺期刊》(*Literary Journal*)编辑。

1805 年

与哈莉特·伯罗(Harriet Burrow)结婚；被任命为《圣詹姆斯编年史》(*The St. James's Chronicle*)总编；纳尔逊在特拉法加海战中大败法国舰队。

1806 年

长子约翰·斯图尔特·密尔(John Stuart Mill)出生；开始撰写《英属印度史》(*History of British India*)。

1808 年

与杰里米·边沁(Jeremy Bentham)会面；开始为《爱丁堡评论》(*Edinburgh Review*)撰稿。

1811 年

开始在改革派贵格会杂志《慈善家》(*Philanthropist*)发表关于教育和监狱改革的文章。

1812 年

英美 1812 年战争爆发。

1815 年

拿破仑滑铁卢战败。

1818年

《英属印度史》出版。

1819年

被任命为英国东印度公司助理审查员。

1820年

《论政府》(*Government*)初版发行。

1823年

为《大英百科全书》(*Encyclopedia Britannica*)撰写的“论政府”及其他论文结集出版(1825年再版,并于1828年扩充再版);约翰·密尔被任命为东印度公司职员。

1826年

约翰·密尔遭遇精神危机,疑惧自己是一个“被制造出来的人”。

1829年

《人类心理现象分析》(*Analysis of the Phenomena of the Human Mind*)出版;麦考利(Macaulay)在《爱丁堡评论》发表著名的反驳密尔“政府论”的文章。

1830年

被任命为东印度公司总部首席审查员;乔治四世(George IV)去世,威廉四世(William IV)继位;辉格党赢得大选重新掌权。

1831 年

要求改革的呼声日益增强；德比（Derby）、布里斯托尔（Bristol）等地发生工人暴乱；《改革法案》（*Reform Bill*）提出。

1832 年

《改革法案》（*Reform Act*）通过；边沁去世。

1833 年

《工厂法》（*Factory Act*）通过，规定有关童工的雇佣。

1835 年

《麦金托什片论》（*Fragment on Mackintosh*）出版；在《伦敦评论》（*TheLondon Review*）发表富有争议的“教会及其改革”（The Church, and Its Reform）一文。

1836 年

密尔逝世。

附录二　詹姆斯·密尔主要著作

（一）论著

1.《论谷物外销补助金的失策》(*An Essay on the Impolicy of a Bounty on the Exportation of Grain*)，1804。

2.《捍卫贸易》(*Commerce Defended*)，1808。

3.《托马斯·史密斯论货币与交换机制》(*Thomas Smith on Money and Exchange*)，1808。

4.《英属印度史》(*History of British India*)，1818。

5.《政治经济学要素》(*Elements of Political Economy*)，1821。

6.《论文选集：论政府、法理学、媒体自由、教育、监狱及狱政原理》[*Essays on Government, Jurisprudence,*

(*Etc.*)],1823。①

7.《人类心理现象分析》(*An Analysis of the Phenomena of the Human Mind*),1829。

8.《麦金托什片论》(*Fragment on Mackintosh*),1830。

9.《论宽容原则》(*The Principles of Toleration*),1837。

(二)论文和评论

1.“劳德达尔勋爵论公共财富”(Lord Lauderdale on Public Wealth),载《文艺期刊》[*Literary Journal*, Vol. 4, No. 1(1804)],第1—18页。

2.“储蓄银行”(Banks for Saving)、“论乞丐”(Beggar)、“福利社会”(Benefit Societies)、“等级制度”(Caste)、“殖民地”(Colony)、“经济学家”(Economists)、“论教育”(Education)、“论政府”(Government)、“法理学”(Jurisprudence)、“出版自由”(Liberty of the Press)、“国际法”(Law of Nations)、“监狱及狱政原理”(Prison and Prison Discipline),载《大英百科全书》第四、五、六版增补本(*Supplement to the Fourth, Fifth, and Sixth Editions*

① 收集“论政府”(Government)、“法理学”(Jurisprudence)、“出版自由”(Liberty of the Press)、“论教育”(Education)、“监狱及狱政原理”(Prison and Prison Discipline)五篇文章。

of the Encyclopaedia Britannica),1824。

3. “秘密投票”(*The Ballot*),载“威斯敏斯特评论”[*The Westminster Review*, Vol. 13, No. 25(1830)],第1—37页。

4. “法律改革”(Law Reform),载《伦敦评论》[*TheLondon Review*, Vol. 2, No. 3(1835)],第1—51页。

5. “贵族制”(Aristocracy),载《伦敦评论》[Vol. 2, No. 4(1835)],第283—306页。

6. “教会及其改革”(The Church, and Its Reform),载《伦敦评论》[Vol. 1, No. 2(1835)],第257—295页。

7.《政治经济是否有用》(*Whether Political Economy is Useful*),载《伦敦评论》[Vol. 2, No. 4(1836)],第257—295页。

8.《理论和实际》(*Theory and Practice*),载《伦敦—威斯敏斯特评论》[*London and Westminster Review*, Vol. 25(1836)],第223—234页。

译 者 言

一、背景

在功利主义的开山鼻祖杰里米·边沁及领袖人物约翰·密尔(以下简称小密尔)的光环下,詹姆士·密尔常常只是以边沁的追随者和小密尔的启蒙者的形象出现。作为19世纪英国著名的政治哲学家、经济学家和历史学家,密尔本身著述甚丰,广涉历史、政治、经济、教育、哲学、宗教、心理等各方面,成就斐然,与大卫·李嘉图(David Ricardo)和亚当·斯密(Adam Smith)同为古典经济学奠基人,是功利主义和古典自由主义思想的重要代表之一,深刻影响和形塑了儿子小密尔的思想。

然而在中文世界鲜见密尔著作译本,相关研究亦付之阙如,不利于了解密尔的政治哲学思想,也影响对功利主义学派和古典自由主义思想发展的全面理解。目前所知密尔著述的中文译作仅见吴小坤所译《论出版自由》(上海

交通大学出版社)。此外,只有《詹姆士·密尔政治著作选》(*James Mill: Political Writings*)一书的英文影印本,该书于2003年由中国政法大学出版,属于剑桥政治思想史原著系列丛书之一,收录了密尔一系列的代表性文章。本译本翻译了该书选录的三篇文章,即密尔的《论政府》,托马斯·巴宾顿·麦考利(T.B. Macaulay)对密尔《论政府》一文的反驳,以及密尔对麦考利的回应。希望能藉此初步展示密尔及功利主义学派最核心的政治理论观点,并希望抛砖引玉,以期出现更多关于密尔著述的翻译和研究。

二、密尔《论政府》的时代背景

密尔(1773—1836)出生于苏格兰,家庭贫困,但自幼受到良好教育,在青年时期因立志成为牧师,得到贵族资助。一边担任贵族的家庭教师,一边完成爱丁堡大学学业。在爱丁堡求学期间,受到苏格兰启蒙思想影响,以至密尔转向功利主义之后,其思想中仍具有与边沁不同的古希腊哲学和柏拉图思想的面向。[1]完成爱丁堡学业后,密

① 参见:Knud Haakonssen, *James Mill and Scottish Moral Philosophy*, 33 POLITICAL STUDIES 628, 629 (1985)。

尔成为巡回牧师，但他很快放弃了这个曾经的职业理想，并可能在此期间也放弃了基督教信仰，但基督教神学对密尔的思想仍有影响，特别体现在他认为人性即有自利倾向也具有可完善性。1802 年，29 岁的密尔前往伦敦，开始著述生涯，在此期间他完成了大部分的系统著作，并结识了边沁。1818 年，密尔的《英属印度史》出版，获得巨大成功，得以任职于东印度公司，并获得优渥的生活保障。[①]

《论政府》最初发表于 1820 年，先后于 1823、1825、1828 年重印，被认为是密尔最有争议性的论文。《论政府》虽然篇章不长，但影响却极大。密尔和边沁一样，厌恶当时英国贵族把握政治权力，关注议会改革，提倡普选制度，属于政治上的激进派。由于担心温和的政治改革会受到密尔及其他"极端哲学派"的冲击，辉格派（Whig）开展了对密尔的论战。詹姆斯·麦金托什爵士（Sir James Mackintosh，1765—1832）与麦考利（1800—1859）是其中最具代表性的两位。本书收录的麦考利的"密尔论政府"一文，发表于《爱丁堡评论》1829 年 3 月第 97 期，作者时年仅 28 岁。密尔的《论政府》迄今仍被后人纪念，很大程

① 参见：Terrance Ball，Introduction，in *James Mill*：*Political Writings*，xii-xvi（Cambridge University Press，1992）。

度上也要归功于此篇杰作。麦考利一文发表后,密尔并未即刻予以公开回应。1830 年,麦金托什爵士发表《关于道德哲学的专题论文》, 其中专门批评了密尔《论政府》一文。在文中,麦金托什爵士承认直接借鉴和采用了麦考利一文的批评方式及观点。因此,密尔撰文同时回应麦金托什爵士及麦考利的批评, 本书的第三篇译文即是这篇文章的节选。该文发表时,麦金托什爵士已去世三年,因此也可以说,这篇文章是给当时仍然十分活跃的麦考利等人看的。[1]

三、《论政府》及其引起的论战

密尔在《论政府》中的论证极具逻辑性。首先,密尔承接边沁对人性的假设,开篇立论就提出人人都“追求快乐、躲避痛苦”,但实现幸福的资源有限,因此政府要实现的目标是“分配实现幸福所需的稀缺资源,以保障最大多数人的最大幸福”。从人性角度出发,密尔认为人性对幸福的追求永无止境,因此对权力的欲望也永无止境,导致在政治上会最大程度地压制他人,使自己获得最大益处。但社会作为一个整体无法实现有效治理,必须通过代理者进行

① 参见:Terrance Ball, Introduction, in *James Mill: Political Writings*, xxi-xxvi。

统治,不可避免会发生统治者与被统治者利益相悖的情况。唯有通过代议政府,才能使两者利益实现一致,进而保障人民权利,而选举是人民限制代表滥用权力的有效方式。紧接着,密尔又论证何种选举方式最为有效。他反对将选举权限于工商及贵族等少数阶层,倡导扩大选举权,并特别强调中产阶层的作用。

麦考利对密尔的反驳,并非着重于具体的政治观点,主要针对密尔的方法论,颇似“打蛇打七寸”,试图通过挑战密尔的逻辑一举推翻《论政府》的全部论述。麦考利的批驳的最关键两点:一是密尔立论的假设——即“人人自利”的人性观,麦考利认为人性并非都如功利主义学派描述的那样自私,而且关于何为“自利”,因人而异。二是批评密尔采取的先验推理和演绎法。功利主义学派基于“人性自私”这个先验式假定,推断出政府应采取的形式。麦考利认为这样的方法只适用于黑暗的中世纪,自培根的科学革命后,从经验出发的归纳法才是科学的推理方式。麦考利从经验出发,反驳了密尔的立论假设。他提出现实中人们的行动往往并非出于自利。他以理想化的语言描绘了统治者以及贵族的高尚情操,认为贵族的欲望之物并不着重于肉体享乐,而在于精神追求以及渴望获得他人的认可和死后的声誉。对他人认可的渴望会促使统治者自限

并采取有利于社会利益的举措。他认为在历史上很少看到统治者无限扩张权力的情况,由此反驳密尔所说的统治者必然会趋向无限权力。麦考利还对比了穷人和富人的不同,认为穷人比富人更易作恶,因此反对密尔扩大选举权的主张。

针对麦考利对其人性假设的批评,密尔在反驳中指出,虽然他本人强调人性"趋利避害"的自利本性,但他并非认为人只会出于私利行事,而是因为这是考量政治制度设计的必要前提。在这一点上,密尔的观点与美国国父麦迪逊所说的"如果人人都是天使,那么政府就根本没有必要"有异曲同工之处。另外值得注意的是,密尔在《教育论》中,相信透过教育能使"利他主义"成为可能,可见功利主义者特别是密尔本人,并未将利己主义作为一种道德伦理,但这超出了本文讨论范围,在此不作展开。

麦考利爵士的文章中,流露出强烈的精英主义倾向,描绘了一幅关于贵族精英的理想化图景。虽然他指责以密尔为代表的功利主义关于"人人自利"的假定与经验不符,但他自己描述的高尚的君主与贵族形象在很大程度上也不符合历史和日常经验。麦考利提到统治者的物欲追求,即使在最穷的国家也不会对人民造成可憎的负担——这一点显然与国人熟知的中国王朝历史相悖。而且即使麦考利爵士本人，在反驳密尔的这篇文章中也提到路易十四穷奢极欲的例子。

相比而言，密尔的《论政府》直指人性，没有什么“理想主义的废话”，乍看之下，确实没有麦考利的论述和文才可爱。正如台湾学者廖斌洲指出，近代自由主义之父洛克仍然使用中世纪宗教色彩的语言来证明政府的权力源于人民，而功利主义的边沁和密尔等人则试图采用科学“机械”的方式来解析人类行为和政治制度。[①]这样的态度和方式无疑也影响了功利主义学派的写作风格和语言，而密尔本人更是刻意追求这种平白无实的写作语言，以达到精确表达观点的目的。《论政府》无疑是这方面的代表，因而被麦考利批评为“假装贵格会式的平白无实”、蔑视“雄辩”及“高雅文学”。翻译过程中，译者对两人文笔差别感受尤深。密尔的文字显得干枯直白，逻辑紧密；而詹姆斯爵士则更为流畅华丽，充满俏皮讽刺。如因笔者水平有限，无法完全传达出两位语言的差异，在此先向读者道歉。

① 廖斌洲：《菁英、教育与代议政府——詹姆士弥尔政治思想之研究》，台湾政治大学政治学系硕士论文（2007年），第111页。

四、为什么仍要读密尔？

前有开山鼻祖边沁，后有小密尔，密尔似乎处于尴尬境地，常被视为只起到承前启后的作用。那么，今天为什么还要读密尔？

密尔作为边沁的拥趸者为世人熟知，但密尔对边沁思想的发展亦有深远影响。密尔使边沁意识到经济因素对解释社会和政治生活的重要性。在政治理论方面，边沁支持民主政治的立场亦受到密尔影响。边沁早年并不认为英国有必要实行激进改革，然后自从 1808 年结识密尔后，开始转向激进派立场，更加支持议会改革运动及民主立场。[①]密尔与边沁的政治哲学思想有极其相似之处，比如人性自利的假定、以追求最大多数人的最大幸福为政治目标、倡导代议制政府、实现统治者利益与被统治者利益相一致、实行定期选举、赋予有财产者选举权以及强调中产阶层作用等，不一而足。相较密尔的《论政府》，边沁更深一步界定了人民主权观念，并在此之下区分了“构成权威”

① 廖斌洲：《菁英、教育与代议政府——詹姆士弥尔政治思想之研究》，台湾政治大学政治学系硕士论文（2007 年），第 94 页；J. R. Dinwiddy, Bentham's Transition to Political Radicalism, *1809—10*, 36 (4) *Journal of the History of Ideas*, 683, 684—5 (1975)。

与“运作权威”，将密尔不断强调的选举团体和代表的概念理论化。可以说，密尔奠定了功利主义学派代议民主理论的基础，而边沁在接受这个理念之后，建构了更加严密的理论体系，弥补了密尔的不足之处，密尔的著作有利于理解边沁关于人民主权和代议民主的整个理论体系。[①]因此，相比边沁，密尔被认为是更好的写手与宣传家，极大地促进了边沁理论的推广。

更重要的是，正如上文指出的，密尔的政治理论具有边沁缺乏的古希腊哲学特别是柏拉图思想的面向。尽管密尔承接边沁对于人性自私的假定，然而密尔对教育的强调使他不同于边沁的思想。密尔试图通过教育，为自利的人性“搭起一个通往利他主义的桥梁。”[②]这在他对麦考利的回应中大段引用柏拉图《理想国》中的段落可以看出，他认为柏拉图强调对统治者的教育是当时历史条件下先哲们可以设计出来的最好的政治方案。此外，密尔与边沁的不同也表现在对公共舆论的看法上，虽然两者都强调舆论在民主宪政秩序中的重要地位，但边沁强调的是舆论的“道德制裁”作用，而密尔则认为舆论是社会追求真理的方

① 廖斌洲:《菁英、教育与代议政府——詹姆士弥尔政治思想之研究》，台湾政治大学政治学系硕士论文(2007年)，第97—99页。

② 同上注，第13页。

式,隐含着柏拉图式的追求真理的精神。[1]

可以说,小密尔更进一步发展了密尔的古希腊政治哲学的面向以及对教育的强调。虽然小密尔沿袭了边沁和密尔的功利主义原则,但他的政治哲学将密尔学说中的道德面向和对教育的强调放大,他的民主模式被许多学者认为是一种道德的模式。他认为政治不应仅仅是反映利益的消极手段,更应该发挥积极作用,促进人性品质和社会的进步。[2]小密尔强调"良好政府的原则"在于"组成政府运作于其上的社会的人类的品质"。与他父亲相同,小密尔接受人性自利观点的同时,也强调教育的重要性,认为教育有利于培养利他主义的倾向及其他高尚情操。但小密尔进一步提出通过"公众参与"的方式来提升公民品质的重要概念,这是密尔以及边沁理论都欠缺的。在一定程度上,小密尔回答了密尔《论政府》开篇提出的问题,即"社会无法作为一个整体进行治理",他试图通过"公众参与",实现古代雅典式的理想政府。有趣的是,与边沁和密尔的传统功利主义观点不同,小密尔的政治哲学中更加强调人

---

① 廖斌洲:《菁英、教育与代议政府——詹姆士弥尔政治思想之研究》,台湾政治大学政治学系硕士论文(2007年),第102—103页。

② C. B. Macpherson, *The Life and Times of Liberal Democracy* 47, Oxford University Press, 1977.

的道德情操，甚至援引耶稣的教导“爱邻舍如同爱自己”来界定功利主义精神，[1]与密尔的论敌麦考利和麦金托什的人性观反而有更多相似之处。与之相比，密尔的《论政府》更少了一些理想主义的道德色彩。

五、《论政府》的现实意义

密尔的《论政府》及相关论文虽篇幅不长，却蕴含丰富的政治法律观点。《论政府》成文之时正处于英国宪政制度变革时期，密尔与不同政见人士的辩论中的许多观点和论战对当今的政治实践仍有借鉴意义，在此仅举几点译者个人的所得：

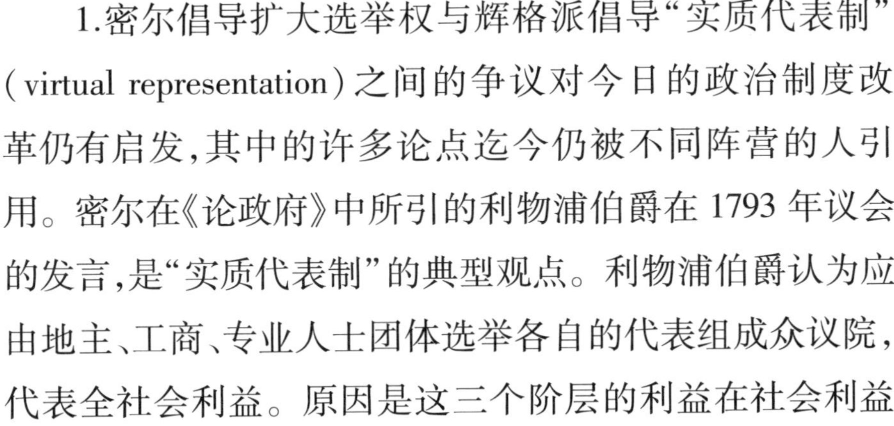

1.密尔倡导扩大选举权与辉格派倡导“实质代表制”(virtual representation)之间的争议对今日的政治制度改革仍有启发，其中的许多论点迄今仍被不同阵营的人引用。密尔在《论政府》中所引的利物浦伯爵在1793年议会的发言，是“实质代表制”的典型观点。利物浦伯爵认为应由地主、工商、专业人士团体选举各自的代表组成众议院，代表全社会利益。原因是这三个阶层的利益在社会利益

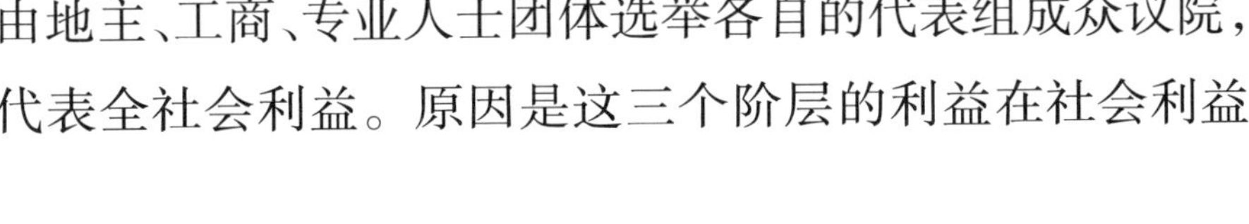

[1] 廖斌洲：《菁英、教育与代议政府——詹姆士弥尔政治思想之研究》，台湾政治大学政治学系硕士论文(2007年)，第104—107页。

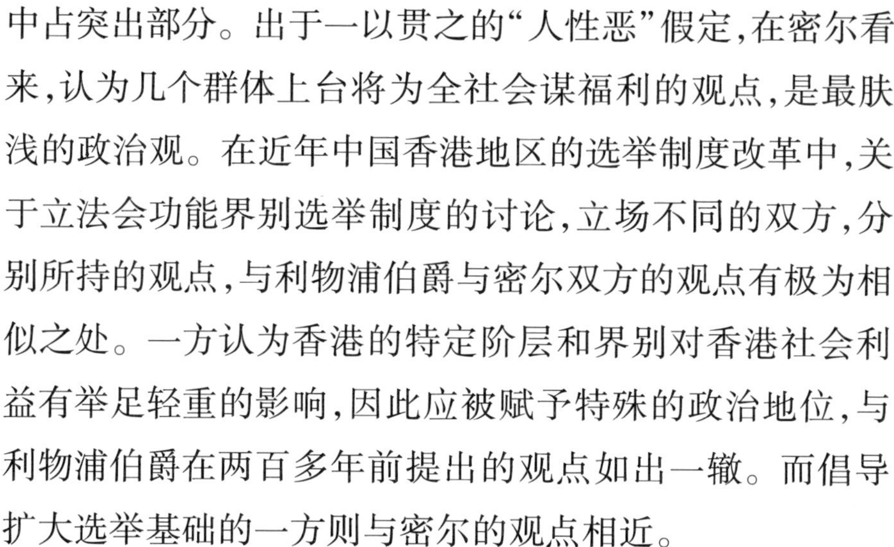

中占突出部分。出于一以贯之的“人性恶”假定，在密尔看来，认为几个群体上台将为全社会谋福利的观点，是最肤浅的政治观。在近年中国香港地区的选举制度改革中，关于立法会功能界别选举制度的讨论，立场不同的双方，分别所持的观点，与利物浦伯爵与密尔双方的观点有极为相似之处。一方认为香港的特定阶层和界别对香港社会利益有举足轻重的影响，因此应被赋予特殊的政治地位，与利物浦伯爵在两百多年前提出的观点如出一辙。而倡导扩大选举基础的一方则与密尔的观点相近。

2. 詹姆斯爵士驳斥密尔的立论基石——即将人性描述为自私自利，似乎人们只会为个人利益而行动。密尔的反驳是：只是在设计政治制度时有必要将“人性自私”作为前提，并不排除现实中有人并不仅仅出于私利行事，而且特别强调教育的重要。这对我们思考公权力和社会问题也有启发。密尔的论述给我们的借鉴和反思是，我们要防止在思考公权力制度设计时，常常过于理想主义，未充分警惕可能的“人性之恶”对政府行为的影响；而对于公民社会的私人行为，则应克制对私人目的和动机的恶意揣测，并且相信公益能成为个人行为的推动力。

3. 密尔在《论政府》中提出一个论断：“遥远且不确定的恶果，任何数量都不足以防止犯罪。”这对我们今日思考如何更好地完善法治来处理反腐、运动性执法、钓鱼执法，以及长期以来学界讨论的中国刑法“严而不密”和“密而不严”的问题都有相当启发。

4.麦考利对密尔所用方法论的质疑和讨论，对当代社会科学研究仍有借鉴意义。功利主义试图通过公式化、科学化的方式分析人类行为并进而建构政治体制，这样“机械式”、类似自然科学的研究方法，是否适用社会科学？历史性的经验归纳方法与机械严密的逻辑推理，在社会科学研究中应如何应用以及占据何种地位，迄今仍是值得思考的问题。

历久弥新，是所有经典著作的共性。它们反映当时所处的时代问题，又超越时空对今人仍有源源不断的启发，相信读者能从这两百多年前的著述中发掘更多的启示和深思。

最后，译者特别感谢吴彦博士和田飞龙博士，他们是本书翻译的首倡者。尤其感谢吴彦博士，反复核对修改书稿，并容忍进度的一再拖延。他严谨细致的作风对此书成稿有重大影响。此外，也感谢远在加拿大的吴伊帆博士，在翻译过程中，与他关于疑难段落的讨论使我获益良多。当然，译稿中出现的错误和瑕疵，全部由译者本人负责。

本书翻译的三篇文章的原文成于19世纪，虽已经过编者的整理，不少用词、语法与当代英语仍有不少差别，并有多处引用西方经典及拉丁文。本人初涉翻译，时间和能力有限，虽尽力而为，仍必会有疏忽纰漏，恳请读者和专家学者不吝指正。

朱含

2016年冬

于香港大学中国法研究中心

图书在版编目(CIP)数据

论政府/(英)詹姆斯·密尔著;朱含译.—北京:商务印书馆,2024
(汉译世界学术名著丛书:120年纪念版:珍藏本:增订本)
ISBN 978-7-100-23764-2

Ⅰ.①论… Ⅱ.①詹…②朱… Ⅲ.①国家行政机关—政治理论 Ⅳ.①D035.1

中国国家版本馆 CIP 数据核字(2024)第 076997 号

汉译世界学术名著丛书
(120 年纪念版·珍藏本·增订本)
论政府
〔英〕詹姆斯·密尔 著
朱含 译

商 务 印 书 馆 出 版
(北京王府井大街 36 号 邮政编码 100710)
商 务 印 书 馆 发 行
北京市十月印刷有限公司印刷
ISBN 978-7-100-23764-2

2024 年 5 月第 1 版 开本 710×1000 1/16
2024 年 5 月北京第 1 次印刷 印张 9½
定价:50.00 元